| 슬럼프 극복하여 高手되는 법칙 |

『JOTATSU NO HOSOKU』
『SURANPU KOKUFUKU NO HOSOKU』
by Koichi Okamoto
Copyright ⓒ 2004 by Koichi Okamoto
All right reserved
Original Japanese edition published by PHP Institute, Inc.
Korean translation rights arranged with Koichi Okamoto
through Japan Foreign-Rights Centre/Bookpost Agency

슬럼프 극복하여 高手 되는 법칙

효율적인 노력을 과학적으로 분석한다 | 오카모토 코우이치 지음 | 유인경 옮김

모멘토

책머리에

　슬럼프를 극복해 고수가 되는 데에는 법칙이 있다.
　이것이 본서의 기본 주제다.
　그러기 위해서는 그 법칙을 터득하는 것이 중요하다.
　고수는 단순히 훈련의 양이나 시간만으로 되는 것이 아니다. 고수가 되는 법칙에 맞는 훈련이 고수를 낳는 것이다. 예를 들어 영어회화를 몇 년씩 공부하면서도 마스터 하지 못하는 사람이 있는가 하면, 불과 2년 만에 유창하게 회화를 하는 사람이 있다.
　이 차이는 영어회화를 연습하는 방법이 고수가 되는 법칙에 얼마만큼 들어맞느냐에 달려 있다.
　예로부터 한 가지 재능에 뛰어난 사람은 다른 재능에도 뛰어나다고 한다. 그것이 모든 경우에 적용되는지는 몰라도, 만일 그렇다고 한다면 한 가지 재능을 터득하는 가운데 은연중 몸에 배인 고수가 되는 법칙이 다른 기능을 익히는 데도 적용되기 때문일 것이다.
　어떤 기능을 터득하고자 하는 사람은 고수가 되는 법칙을 앎으로써 자신의 발전과 학습의 절차를 미리 그려볼 수 있다. 또한, 공부나 연습 방법에 대해 주변으로부터 듣는 여러 가지 조언 가운데 이치에 맞는 것과 그렇지 않은 것을 식별할 수도 있다.

어떤 일에 대한 자격증을 따는 훈련도 좋고 영어회화, 컴퓨터도 좋다. 무엇이든 하나를 정해 본서를 참조하여 훈련에 깊이 빠져보기 바란다.

그러다가 어느 날, 훈련을 충분히 하는데도 기량이 늘기는커녕 점점 더 저하되어 가는 것을 느낀다. 때로는 연습을 하면 할수록 기량이 떨어지는 느낌이 들어 아예 연습을 보류하고 쉬기도 하지만 기량은 계속 저하된다. 컨디션이 나쁘다고 하기에는 너무 심각하고, 피로 때문이라고 하기에도 다소 거리가 있다. 연습을 해도 떨어지고, 그만둬도 떨어지는 느낌이 드니 두려울 따름이다. 그렇게 생각하기 시작하면 무엇을 해야 좋을지 몰라 불안 속에서 하루가 지나간다. 이것이 슬럼프다.

스포츠에서 영어 공부까지 기능이 무엇이든지 간에 고수가 되는 과정에서 이런 상황에 부닥치지 않는 사람은 없다. 한 기능에서 천재나 수재로 불리는 사람들은 거기에 이르기까지 수없이 슬럼프에 빠졌고, 그것을 극복해왔다.

이겨낸 사람은 고수가 되고, 그렇지 못한 사람은 슬럼프 직전의 기량에 머물기조차 힘들다.

슬럼프를 극복하는 방법은 저마다 다르다. 다른 사람에게 효과적인 방법이 자신에게도 효과적이라고 단정할 수는 없다. 이것이 슬럼프의 어려운 점이다.

그러나 슬럼프에도 구조가 있고 법칙이 있다.

하늘의 선물이라는 극복의 힌트도 사실은 그 법칙에 따라 얻어지고 있다. 그 법칙을 기억심리학, 학습심리학의 개념을 사용해 살펴보았다.

슬럼프에 진지하게 맞서 이겨내면 어느 날 갑자기 사물을 보는 관점이 달라지는 경험을 하게 된다. 지금까지 익숙해져 있던 것이 문득 새로운 의미로 다가오고, 무심히 지나치던 것이 선명히 눈에 들어온다. 숙달을 체험함으로써 인지구조가 변했기 때문이다.

이와 같이 인지구조가 변한 사람은 이제 결코 후퇴하지 않는 고수의 수준에 도달한 것이다. 그때 그는 단순히 한 가지 재능에 뛰어난 것뿐만 아니라, 숙달이라는 현상의 경험자로서 넓은 의미에서 여유를 가질 수 있다.

이 책은 그러한 과정에 대한 지적 이해와 방법론을 제공한다.

현대는 능력주의 시대라고 한다. 그러한 시대에 요구되는 것은 각각의 능력을 배워 익히는 것뿐 아니라, 숙달과 슬럼프라는 현상을 자신의 경험으로 깊이 깨달음으로써 얻을 수 있는 진정한 의미에서의 심리적 여유라고 확신한다.

오카모토 코우이치

차 례

책머리에 · 5

제1부 고수되는 법칙

제1장 능력주의와 고수되는 법칙

1. 고수로의 권유 · 17

고수의 의미 / 변화에 따라갈 수 있는 사람 / 제로섬 시대의 자기 주체성 /
올바른 노력의 방향 / 고수되는 법칙을 아는 것 / 취미의 숙달과 복선형의 삶 /
숙달의 이미지 / 상급자와 중급자의 질적인 차이 / 관점이 변한다 /
상급자의 자신감과 안정감 / 청년기라면 / 새내기 사회인이라면 /
사회에서 중심적인 역할을 하는 사람이라면 / 정년을 코앞에 둔 사람이라면 /
정년 후의 사람이라면

2. 할 수 있는 것부터 시작하자 · 32

우선 시작해본다 / 입문서를 읽는다 / 두근거리는 순간 /
'자극이 마음에 호소해오는' 현상 / 빈도를 정한다 / 학습의 장을 정한다 /
자신의 특기를 찾는다 / 특기를 정하는 과정의 중요성

제2장 고수의 기억구조

1. '해낼 수 있는 사람'의 기억구조 · 40

상급자가 될 수 있는 사람, 중급자로 그치는 사람 / 기초적인 용어 정리 /
'기능' '기량' '하위기능' '하위기량' / 스키머(인지의 틀) /
기량을 유지하는 기억의 구조 / 상급자는 왜 기억력이 높은가 /
'선언형 지식'과 '수속형 지식' / 기억의 구조 - 네 종류의 기억 / 기억검색 /
스키머와 검색 - 연관된 기억 / 코드화 / 언어 코드와 비언어 코드

2. 기억과 인지의 키워드 — '스키머'를 이해한다 · 60

상급자는 스키머가 뛰어나다 / 상급자는 스키머 의존적인 실수를 범한다 /
상급자는 코딩 능력이 높다 / 상급자는 청크(덩어리)의 용량이 크다 /
상급자는 분절인지의 유연성이 높다

제3장 고수는 어디가 다른가

1. 지속력·집중력이 높다 · 66

상급자는 지루함을 덜 느낀다 / 상급자는 피로를 덜 느낀다 /
의욕이 높으며 나름의 가치관을 지니고 있다

2. 특이한 재능이 빛난다 · 68

상급자는 '~하면서'가 가능하다 / 상급자는 조 옮기는 작업이 가능하다 /
복원 가정작업을 할 수 있다 / 기능의 요령을 말(은유)로 표현할 수 있다 /
'암산'을 할 수 있다 / 전체적인 계산이나 급소 파악이 정확하다 /
이질적인 차원의 환산식을 가지고 있다 / 직접 도움이 되지 않는 지식을 지니고 있다 /
무관해 보이는 일로부터 힌트를 얻는다

3. 이미지나 관심이 분명하다 · 75

상급자는 세부적인 사항에 관심이 많다 / 나름대로의 '미관'을 지니고 있다 /
이미지가 발생한다 / 감이 작용한다 / 상급자는 감상의 급소를 놓치지 않는다 /
패배나 실패를 싫어하고 매우 분해한다

4. 타인을 보는 눈이 다르다 · 81

타인의 기능을 보면서 즐긴다 / 세밀한 단서로 타인을 평가할 수 있다 /
타인에 대한 평가가 빠르고 명료하다 / 타인에 대한 평가가 안정되어 있다 /
타인에 대한 평가를 쉽게 드러내지 않는다 /
간접적인 단서에 의한 기능 판단이 안정되어 있다 /
타인의 관찰 태도를 보고 그 사람의 기량을 추측할 수 있다 /
타인의 개성에 민감하고 모방도 할 수 있다

5. 자신을 정확히 인식할 수 있다 · 87
상급자는 버릇이 적다 / 결점을 포함하여 자신의 개성을 인식하고 있다 /
연습 방법을 고안할 수 있다 / 중급자나 초보자로부터도 배울 수 있다 /
상급자에게 경의를 가지고 있다 / 인격적인 안정감이 있다

제4장 고수되는 방법 — 중급자에서 상급자가 되는 단계

1. 조감적 인지를 높인다 · 93
자신 있는 일에 집중한다 / 기록을 한다 / 개론서를 읽는다

2. 이론적 사고를 익힌다 · 97
이론서를 읽는다 / 미숙하므로 이론이 필요하다 / 이론서를 읽고 분별력을 높인다

3. 정밀하게 배운다 · 100
한 가지를 정해 깊이 파고든다 / 대상을 바꾸어 정밀연습을 반복한다 /
정밀연습으로 요구 수준이 높아진다 / 완벽한 모방이나 암송을 한다

4. 이미지 능력을 높인다 · 106
이미지 능력을 키우는 훈련 / 타인을 보고 감정이입을 한다 / 좋은 작품을 본다

5. 달인의 수를 배운다 · 108
달인의 스키머에 접해본다 / 달인과 직접 만나고 대화한다 / 달인의 실수에서 배운다

6. 광역 코드와 지식을 확대한다 · 111
타인의 개성을 기술해본다 / 광범위한 지식을 얻는다 /
비슷한 다른 유파나 기능에 대해 관심을 갖는다 / 역사적인 과정을 안다 / 사전을 산다

제5장 상급자가 되는 특별훈련법

숙달을 극대화하는 10가지 단계 · 115
반복연습을 한다 / 평론을 읽는다 / 감정이입을 한다 / 암기 암송을 많이 해본다 /
마라톤식 단련을 한다 / 다소 비싼 도구를 산다 / 독자적인 훈련방법을 생각한다 /
특수 훈련법을 착상시키는 과정 / 독자적인 훈련에서 기본훈련으로 돌아온다 /
아무것도 하지 않는 시기를 살린다

제2부 슬럼프 극복의 법칙

제1장 노력의 대가가 돌아오지 않을 때의 고민 · 131
슬럼프의 자각 / 정체기와 슬럼프 – 정체와 후퇴 / 슬럼프에 빠지는 계기 /
다른 사람의 경험은 그다지 참고가 되지 않는다 / 왜 감은 빗나가는 것일까 /
스키머(인지의 틀)의 빗나감과 수정 / 자아관여(의욕, 동기)의 변용 /
슬럼프의 극복은 새로운 경지를 낳는다 / 겸허함과 자신감의 양립

제2장 슬럼프의 8가지 외적 요인 · 139
생리적 · 신체적 조건의 변화와 불일치 / 저해요인이 되는 활동 / 단순한 피로 /
질린다(심리적 포화) – 긍정적 휴식이라는 대응책 / 예상 밖의 실패와 좌절 /
예상 밖의 성공과 승리 / 연습량의 변화 / 생활 패턴의 변화

제3장 슬럼프와 무기력의 관계 · 147
슬럼프로 인해 발생하는 학습성 무력감 / 전기충격과 개의 실험 / 비수반성 학습 /
슬럼프에 의한 울증 상태 / 네 가지 원인 – 능력 · 노력 · 난이도 · 운 /
학습성 무력감은 노력 인지의 결여 / 학습성 무력감에 대한 대처법 /
중도 포기는 인격의 폭을 좁게 한다

제4장 슬럼프의 내적 요인 — 기억과 인지의 마찰

1. 단기기억의 마찰 · 156
아이코닉 메모리(감각기억)의 마찰 / 아이코닉 메모리의 코드화 문제 /
코드의 양적 부족

2. 장기기억의 마찰 · 158
장기기억에 대한 입력 장애 / 장기기억으로부터의 출력 장애 / 수속형 지식의 결핍 /
선언형 지식의 결핍 / 장기기억의 모드와 워킹 메모리의 모드

3. 워킹 메모리의 마찰 · 163
주의력 부족으로 멍청한 실수가 증가한다 / 워킹 메모리의 기능 강화

4. 코드 시스템의 마찰 · 165
코드의 절대량 부족 / 미각에서의 코드의 역할 /
코드는 충격적이어야 도움이 되기 쉽다 / 기존의 코드를 정밀화한다 /
상위 코드를 만든다 / 코드의 음운화 / 코드의 시각화 / 시각적 코드의 음운화 /
부적절한 코드 시스템 / 부적절한 시각적 모델 / 고유의 코드 시스템 습득 /
어학으로 인한 슬럼프와 코드 시스템 / 비음운적, 비시각적 코드의 처리

5. 스키머의 마찰 · 178
기량 스키머와 평가 스키머의 괴리 / 평가 스키머가 지나치게 발달한 경우 /
평가 스키머와 기량 스키머의 식별 / 메타 스키머의 형성

제5장 슬럼프를 극복하기 위한 방법

1. 하위기능(기초기능)을 체크한다 · 183
하위기능이란 무엇인가 / 하위기능의 숙련 부족 – 근력이나 기초지식의 부족 /
하위기능의 단련 부족 / 내부 근육의 이상 / 내부 근육의 이상 수정 /
하위기능이 스키머의 진전을 방해하는 경우 / 스키머가 빗나가는 데는 계기가 있다 /
스키머가 빗나간 원인을 자유연상법으로 찾는다 /
스키머가 하위기능을 따라가지 못한다 / 하위기능을 확실하게 향상시키는 의미

2. 모형훈련 · 193
모형훈련이란 무엇인가 / 모형훈련을 하지 않는 사람은 슬럼프에 빠지기 쉽다 /
모형훈련의 방법 – 정밀연습 / 외국어 문장 훈련 / 악기 연주의 훈련 /
모방식 단련으로 발견하는 슬럼프의 징후 / 생리적 포화가 있는 경우 /
심리적 포화의 경우 / 모형훈련은 몰개성적인 것이 아니다 /
모형훈련의 풍부함을 깨닫는다 / 슬럼프를 탈출하기 위한 모형훈련 /
과거의 모형훈련을 확인한다 / 모형훈련을 재점검한다 / 효과적인 순서를 생각해본다 /
과거의 모형훈련을 새로운 스키머로 다시 해본다 / 신선한 발견을 한다 /
자신감을 회복하게 해준다 / 의욕이나 동기를 강화한다 / 새로운 모형훈련을 고안한다

3. 의욕을 높이는 법칙 · 206
의욕이 장기기억을 좌우한다 / 의욕과 처리수준 / 의욕의 간접적 조작, 목욕재계 /
리마인더를 만든다 / 다른 습관 하나를 중지한다 / 도구를 산다 / 도구 구입을 늦춘다 /
도구를 받는다, 물려준다 / 기능의 역사를 찾아본다 / 훈련량을 줄인다 /

훈련 단위를 변경한다 / 라이벌을 의식한다 / 라이벌의 기량을 분석한다 /
모형훈련을 설정한다 / 기능에 대한 가치관을 재점검한다 / 비중을 재점검한다

4. 이론서를 읽는다 · 216
이론서는 왜 필요한가 / 표준적인 이론서를 읽는다 / 비표준적인 이론서의 효용 /
다양한 이론을 읽는 이점 / 이론서를 읽는 법 / 이론서의 목차에 주목한다 /
이론서를 읽고 싶은 기력이 솟지 않을 때 / 의욕을 높일 수 있다 /
생각하는 자세가 길러진다 / 지식을 정리한다 / 지식의 네트워크가 형성된다 /
이론에 의해 정확한 구별을 할 수 있다 / 스키머가 안정된다 /
이론서에 의해 메타 이론이 생긴다 / 사고능력이 길러진다 / 워킹 메모리가 커진다 /
이론적 용어가 코드가 된다 / 코드가 구조화 된다 / 기억검색이 안정된다 /
좋고 싫음을 판단할 수 있다 / 해석을 배운다 / 변환을 배운다 /
이론에 대한 이해가 깊어야 안도감이 생긴다 / 자신의 기량을 파악할 수 있다 /
지속력이 길러진다. 복원 가정작업이 쉬워진다 / 이미지 환기력이 높아진다 /
타인의 인지 모델을 이해할 수 있게 된다 / 개성을 파악할 수 있게 된다 /
예측능력이 갖춰진다 / 이론서의 저자에게 감정이입을 한다

저자 후기 · 234

제1부
고수되는 법칙

제1장 능력주의와 고수되는 법칙

1. 고수로의 권유

고수의 의미

우리는 일을 하는 한 끊임없이 새로운 지식이나 기술, 기능을 습득해야 한다. 새로운 자격증을 따거나 신제품에 대한 지식을 익혀야 하고 새로운 컴퓨터 프로그램도 능숙하게 다룰 줄 알아야 한다.

한편, 일을 떠나 취미의 세계에서는 마음의 날개를 활짝 펴는 것이 좋은 휴식도 되고, 내일의 일에 대한 활력도 재충전된다. 하지만 취미라 할지라도 그것을 하고 있는 동안은 고수가 되길 기대한다. 몇 년을 해도 제자리걸음을 하고 있다면 아무런 의욕도 재미도 느낄 수 없다. 만년 초보로는 보람을 못 느끼는 것이다.

그럴 때 주변을 둘러보면 무엇을 해도 일정 기간 뒤에는 능력이 어느 수준까지 숙달되어 있는 사람이 있다.

그런 사람은 본래 재능이 있을지도 모르고, 이른바 손재주가 있는 사람일지도 모른다. 설령 접대 골프라 할지라도 어느 정도의 수준급 실력을 발휘하고 적당히 즐길 줄도 안다. 노래방에 가면 취객이 귀 기울여 들을 정도로 노래를 부르고, 영어가 필요할 때는 어느새 배워 익히고 있다. 가만히 보면 단지 재능이 있다는 말로는 지나치기 힘들다. 그렇다고 이마에 땀을 흘리며 필사적으로 노력하는 느낌도 들지 않는다. 눈에 띌 정도로 빠른 진전을 보이지는 않지만 일정 시간이 지난 뒤에는 그럴 듯하게 소화해내고 있다.

새로운 일이나 난이도가 높은 일이 주어지더라도, 어느새 온전히 자신의 것으로 만들어버리는 사람이다. 그 사람에게 맡겨두면 어느 선까지는 정확히 해낼 것 같은 신뢰할 수 있는 분위기를 조성하고 있다.

그런 사람은 사실 고수가 되는 법칙을 몸으로 알고 있는 사람이다. 대부분의 경우 어린 시절에 뭔가를 아주 깊이 익힌 경험을 통해, 고수가 되는 일반 원칙을 체득하고 있다. 그러한 경험이 새로운 것을 배워 익힐 때 자연스럽게 활용되는 것이다.

고수가 되는 데에는 법칙이 있다. 지름길이 아닌 법칙이다.

그 법칙을 파악하고 있는 사람은 노력도 효율적으로 한다.

누구든 똑같은 노력을 할 바에야 적어도 효율성이 높은 노력을 하고 싶어 한다.

변화에 따라갈 수 있는 사람

현대는 능력주의 시대라고 한다.

직업의 IT화에 의해 같은 일을 하고 있어도 끊임없이 새로운 지식과 감각을 받아들여야 하는 시대가 된 것이다.

우리 주변을 둘러보면 그와 같은 변화에 어느 정도 느긋하게 따라가는 사람과 바짝 그 뒤를 쫓는 사람, 아예 뒤떨어진 사람이 있다. 또한 변화에 따라갈 수 있을 뿐 아니라 그 다음에 닥칠 상황을 어느 정도 정확히 예측할 수 있는 사람까지 있다. 한편, 바로 그 맞은편에는 변화 자체를 스트레스로 여기는 사람이 있다.

변화에 기죽지 않고 따라갈 수 있는 사람은 고수가 되는 길을 나름대로 터득하고 있는 사람이다. 숙달된다는 것을 자신의 경험으로 알고 있으면 유사시에 곧바로 따라잡을 수 있는 자신이 있으므로, 필요한 기능은 배워 익히고 지금 당장 필요하지 않은 것은 자신의 판단으로 미뤄놓는 심리적 여유를 가질 수 있다.

그러한 사람은 직장에서 함께 일을 해도 마음을 놓을 수 있다. 지금은 도저히 불가능한 기능일지라도 저 사람이라면 정작 그것이 필요해졌을 때 제대로 소화해낼 수 있을 거라는 믿음이 있다.

아직 하고 있는 것은 없더라도 잠재적으로 이처럼 신뢰받고 있는 사람과 제대로 해내지 못할 것 같아 불안감을 주는 사람은 큰 차이가 있다고 생각하지 않을 수 없다. 이러한 종류의 신뢰를 얻고 있는 사람은 바로 고수가 되는 길을 몸으로 터득하고 있는 사람일 때가 많다.

제로섬 시대의 자기 주체성

전후 세대인 우리들의 가치관은 경제적인 성장시대를 배경으로 형성되었다. 힘써 일 하면 회사도 개인도 번영이 보장되어 심리적으로 만족하며 살아갈 수 있었고, 자신의 존재 근거도 찾을 수 있었다.

그러나 지금은 다르다.

최근 들어서는 조직에 속해 있으면서도 정신적으로 자립해 있는 사람이 진정으로 요구되는 시대가 되고 있다. 고수가 되는 길을 알고 있는 사람은 건강한 정신의 자립을 보인다. 그것은 희미한 기억 속에서라도 깊은 숙달의 경험을 지니고 그것을 바탕으로 안정된 자신감을 가진 사람이 아니라면, 조직이 직면한 새로운 과제를 자신의 일처럼 배워 소화하거나, 진정한 위기에 대응해갈 수 없기 때문이다. 자신의 깊은 경험 속에 숙달에 대한 체험이 깃들어 있는 사람만이 가능한 것이다.

올바른 노력의 방향

그렇다면 고수가 되는 길이란 대체 무엇을 말하는 것일까.

골프 선수인 박세리나 바둑기사인 이창호처럼 초일류 선수가 되기 위해서는 남보다 갑절의 연습과 그리고 무엇보다 재능이 필요하다.

본서에서 고수가 되는 길이라고 하는 것은 이와 같은 최고 수준이 되는 방법이 아니다. 여기에서 고수라고 하는 것은 보통의 생활을 하는 사람이 보통의 적성을 가진 기능에 큰 무리를 하지 않는 연습량으로 그럭저럭 한 사람 몫을 할 수 있는 수준에 이르는 과정이다.

일반적으로는 승진 등에 자격증이 요구될 경우 그 자격을 갖추고 있을 것, 그 뒤의 여러 가지 규정이나 제도의 변화에도 뒤떨어지지 않고 따라갈 수 있을 것.

영어회화라면 업무상 외국에 혼자 가게 되더라도 크게 곤란해 하지 않을 수준에 도달할 것. 외국의 바이어가 회사를 방문했을 때 사내 안내를 해줄 수 있고, 업무상 필요한 일에서는 우선 의사소통이 가능할 것.

본서에서는 우선 그 수준으로까지 숙달된 사람을 '상급자', 그 도중에 있는 사람을 '중급자', 지금부터 노력해보고자 하는 사람을 '초급자'라 부르기로 하겠다. 이것은 모두 편의상 구분해 놓은 것이다.

고수가 되는 과정에서는 누구나 어느 정도의 시행착오와 노력을 낭비하기 마련이다.

하지만 고수가 되는 법칙을 이해하고 있으면 올바른 노력의 방향을 대충 짐작할 수 있다. 두 개의 장애물을 넘어야 할 때 어느 쪽을 먼저 넘고, 어느 쪽을 나중에 넘는 것이 효율적인지 가늠할 수가 있다.

고수되는 법칙을 아는 것

세상에는 고수란 어떤 사람을 일컫는 것인지를 나름대로 파악하고 있는 사람이 있다. 대개는 어린 시절에 한두 번쯤 뭔가에 깊이 파고든 적이 있는 사람으로, 그러한 경험 속에서 고수가 되는 데 필요한 연습 방법이나 주의해야 할 것을 알고 있다.

한 가지 재능에 뛰어난 사람은 여러 가지 재능에서도 뛰어나다는 말이 있다. 이 원칙이 적용되는 범위에는 물론 한계가 있지만, 한편으로는 진실을 담고 있다. 왜냐하면 고수가 되는 데에는 일반적인 법칙이 있어, 한 가지 재능을 익히는 과정에서 그 법칙을 어느 정도 터득하고 나면 다른 기능을 향상시키는 데에도 응용할 수 있기 때문이다.

자신의 숙달 능력에 자신 없어하는 마음이 삶의 폭마저도 좁혀버릴 가능성이 있다. 난이도가 높아 좀처럼 합격하기 힘들어 보일 때라도, 숙달이라는 것을 체험적으로 알고 있는 사람과 그렇지 않은 사람은 큰 차이가 있다. 숙달을 경험해본 사람은 합격하기까지의 과정이 어떻게 되고, 자신이 그 과정의 어디쯤에 있는지 대충 파악할 수 있다. 따라서 그만큼 심리적인 불안 같은 것은 어느 정도 억제된다. 그러나 숙달을 경험해보지 못한 사람은 도중에 불안해지고, 종종 그 불안 때문에 중도에 좌절해버리는 수가 있다.

고수가 되는 법칙을 알고 있는가에 따라 실제의 고수 자체와 고수가 되는 과정에서의 심리적인 상태가 크게 달라지는 것이다.

취미의 숙달과 복선형의 삶

일 이외에 이른바 취미의 영역에서 그 기량이 뛰어난 사람은 제법 많다.

그들은 출근 전에 검도 연습을 하러 가거나 친구의 결혼식 등에서 전문가 수준의 음악을 연주해준다. 노래 연습을 오랫동안 해온 사람, 소년 야구팀의 코치를 맡고 있는 사람, 바둑이나 장기 대회에서 전국 순위에 꼽히는 사람 등, 일 이외에서 다양한 자기실현의 장(場)을 가지고 있는 사람들이다.

직장 일을 깔끔히 처리하면서도 이와 같은 숙달의 장을 가지고 있는 사람은 막상 일의 양이 크게 늘더라도 소화해갈 수 있을 듯한 여유를 느끼게 한다. 무엇인가 숙달을 경험한 것이 일에 대한 안정된 자신감에도 반영되는 경우가 있다. 이러한 사람들의 인품에는 독특한 안정감이 있다. 이것이 바로 복선형(複線型) 삶의 부산물이 아닐까.

특별히 누군가에게 강요당하는 것도 아니면서 자발적인 의지로 이처럼 정열을 지닐 줄 아는 사람은 한층 높은 자발성과 고수가 된 자신감에서 오는 평온하고 낙관적인 성향이 몸에 배어 있다. 그것이 자연스럽게 인품에서 풍겨나오는 것이다.

진정한 숙달을 경험한 사람만이 비로소 갖출 수 있는 인품이 거기에 있다.

숙달의 이미지

숙달된 현상을 이미지하기에 가장 좋은 기능은 자동차 운전이다.

맨 처음 운전학원에서 자동차에 탔을 때는 뭐가 뭔지 전혀 모른다. 우선 페달의 이름부터 생소하다. 클러치를 언제 어떤 목적으로 사용하는지도 모르고, 애당초 클러치라는 것이 왜 있는지조차 이해할 수 없다. 자동차 안에 앉고 나서 시동을 걸고 발진하는 데 필요한 의자 조정, 벨트 장착, 백미러 조정, 엔진 시동, 후방 확인 등 이러한 작업이 어떤 순서로 어떻게 흘러가고 있는지 도대체 아리송하기만 하다. 그러던 것이 시동을 걸어 자동차를 출발시키고, 적절한 가속이나 정지가 가능해지고, 더 나아가 종렬 주차까지 해나가는 동안 '가속감각' '차간거리' '차량감각' (심리학적으로는 뒤에 설명하는 스키머schema의 일종이라고 생각할 수 있다) 등 큰 단위로서의 인식과 조작의 조합이 하나하나 몸에 익는다. 그리하여 그것이 숙달되면 처음에는 그토록 사고(思考)에 부담이 되었던 동작이나 판단을 필요로 하던 일들이 잡담을 하면서도 가능해진다.

운전면허를 따고 나서 어느 정도 운전을 하다보면 그러한 판단이나 조작은 몸의 일부처럼 되어버려 일일이 생각하지 않아도 자연스럽게 이루어진다. 또 갑자기 평소에 몰던 차와 다른 차를 운전하게 되었을 때도 처음에야 물론 주의가 필요하지만, 비교적 짧은 시간에 낯선 차에도 익숙해질 수 있다.

여기까지 도달한 사람은 아직 운전을 못하는 사람이나 운전하는 방법을 잊어버린 면허증만 지닌 운전자와는 전혀 다르다. 이제 그들은 몇 달 혹은 몇 년간 운전을 하지 않아도 필요하면 언제든지 감을 되찾아 운전할 수 있다는 자신감을 가질 수 있다. 또한 이것으로 자신이 극단적인 '기계치(機械癡)'가 아니라는 확인도 할 수 있다. 이것은 운전 이외의 새로운 기능을 습득해야 할 때에도 심리적 저항을 다소 완화시키는 역할을 해주는 것 같다.

이것은 숙달되었다는 현상의 하나의 이미지이다.

더욱 비근한 예로는 자전거 타기를 들 수 있다. 자전거도 처음에는 좀처럼 마음대로 움직여주지 않아 나름대로 애를 태우지만, 보통 어린 나이에 시작하므로 그다지 고생했던 기억은 없을 것이다. 그래도 자전거를 타게 되는 과정에서 균형이나 커브의 스키머(인지의 틀)가 형성되었을 것이고, 그 인지의 틀이 형성된 뒤 일단 자전거를 타게 되면 다소 공백이 생기더라도 그 이전의 상태로 되돌아가는 일은 없다.

이와 같이 숙달되면 운전기능이나 인지기능(認知機能)에 질적인 변화가 일어난다. 그리고 그것은 학습 이전의 상태로 되돌아가지 않는 비가역적(非可逆的)인 변화다. 이것이 숙달의 이미지다.

상급자와 중급자의 질적인 차이

중급자란 초보에서 기량이 숙달된 사람들을 가리킨다.

하지만 중급에서 좀더 기량이 숙달되었다고 해서 상급자라고 하지는 않는다. 중급자와 상급자 사이에는 질적인 차이가 있다.

본서에서는 상급자라는 용어를 다음과 같은 의미로 사용한다.

우선 대체적으로 한 사람 몫을 한다고 생각해도 좋을 지식과 기능을 가지고 있는 사람이다. 동업자나 동호인끼리 뭔가를 하려고 할 때 걸림돌이 되지 않으면서 자신도 참가하여 충분히 즐길 수 있는 수준에 있다. 그러한 기능을 할 수 있음으로써 자기 자신의 즐거움이나 삶의 보람을 가지고 생활에 윤기를 느낄 수 있다. 게다가 고수가 되는 과정에서 '사물을 보는 관점'이 한층 높아졌다는 실감을 하는 사람이다. 그것은 바로 '자전거를 타게 되었다!'는 그 느낌이다.

본서에서는 이러한 '관점의 변화'를 경험해본 사람을 상급자, 어느 정도 기량은 익히고 있지만 그 경험이 아직 모자라는 사람을 중급자로 구분하고 있다.

관점이 변한다

그러면 '관점이 변한다'는 것은 구체적으로 무엇을 말하는 것일까.

자격에 관한 지식이나 기능이라면 그 지식과 기능 전체를 통해 그 업무에 대한 어떤 종류의 '감각'이 갖춰지고, 좁은 의미의 지식과 기능을 웃도는 사항도 대체적인 판단이나 예측을 할 수 있게 된다. 그러한 '감각이 갖춰지는' 것이 '관점이 변한다'는 의미이다.

영어라면 전치사나 부사의 '어감'을 알고 있어 개별지식까지 일일이 찾아보지 않더라도 전치사 등에 대한 판단을 할 수 있게 된다. 어원에 대한 지식이 어느 정도 있으면 'philanthropy'라는 단어를 처음 봤다 하더라도 'phil'이 '사랑하다', 'anthropy'가 '인류'이므로 '인류애일 거야'라고 짐작한다. 이 정도의 단계까지 오면 눈이나 귀로 들어온 영어가 머릿속에서 우리말을 통하지 않고도 곧바로 의미가 떠오른다. 이렇게 '곧바로 떠오르는' 경험이 '관점이 변한다'는 의미이다.

장기에서는 장군을 연거푸 부르며 상대의 왕을 꼼짝 못하게 만들어버리는 것을 '외통'이라고 하는데, 어느 수준을 넘어서면 구체적인 외통 수순(手順)을 알기 전에 "상대의 왕이 외통으로 몰려 있는" 것을 직감으로 알아차리게 된다. 궁지에 몰려 있는 것을 파악하고 나서 구체적인 수순을 찾는 식으로 사고의 순서가 바뀌어버리는 것이다. 그렇게 되면 상대의 왕이 외통으로 몰릴 때까지 이제 한 수(手)라거나 세 수 남았다라는 어림계산을 할 수 있고, 그 셈은 대체로 정확하다. 덕분에 '수를 읽는' 작업에 의존하던 비율은 훨씬 줄고, 오히려 예측이 정확해지는 상태가 된다. 그런 종류의 직관이 생기는 것을 "관점이 변한다"고 한다.

상급자의 자신감과 안정감

어떤 기능이라도 상급자의 경지에 도달하고자 한다면 일정 기간 그만큼의 노력을 기울여야 한다. 일의 기복이 심해도, 직장에서 자신의 입장이 변하고 직장의 환경이 변하더라도, 항상 일정 시간과 에너지를 쏟아 붓지 않으면 안 된다.

중급자가 될 때까지는 그러한 생활에 대해 충분한 대가를 받았다는 느낌이 적어서인지 이러한 안정감은 다소 약하다. 아직 시간만 쏟아 붓고 있다는 느낌이 어딘가에 남아 있다. 하지만 '관점이 변하는' 경험을 거친 상급자는 깊은 의미에서의 노력의 대가를 얻은 경험과, 그와 같은 대가를 받기 위해서는 노력뿐 아니라 어떤 종류의 운이나 우연이 필요하다는 것을 몸으로 알고 있다.

그러한 사람은 극단적인 근면성(노력)만을 주장하는 일도 없고, 또 노력이 무의미하다고 주장하는 일도 없다. 거기에 이르기까지 자기 자신도 몇 번의 좌절이나 실패를 경험하고 그것을 받아들여 왔으므로, 타인의 좌절이나 실패에 대해서도 오히려 수용적인 태도가 형성되어 있다.

청년기라면

지금 이 책을 읽고 있는 독자가 젊은 사람이라면 본서를 참고로 삼아 어떤 것이든 상급자가 되는 경험을 꼭 해보기 바란다. 영어도 좋고 바둑도 좋고 악기도 좋다. 도움이 되고 안 되고를 떠나서 집중할 수 있는 거면 뭐든지 좋다. 극단적으로 말해서 수천 자리의 원주율을 암기하는 것도 좋고, 활쏘기 같은 것도 좋다. 어쨌든 뭔가 하나에 심취하여 배워보려고 하는 것이 중요하다.

젊을 때 배워 익힌 것은 평생 도움이 되는 수가 있다. 장년기, 노년기로 세월이 흘러도 일에 좀 여유가 생겼을 때 다시 시작해보면 쉽게 기량을 되찾아 자기 자신을 즐길 수 있다. 하지만 그보다 더 중요한 것은 바로 그 재능을 통해 고수가 되는 과정을 한번 깊이 경험해보는 일이다.

젊었을 때 그렇게 깊이 체험하고 나면 사회에 나온 뒤에도 그것을 작은 모델로 삼아 다양한 것에 도전할 수 있는 마음의 자세를 유지할 수 있다. 그리고 필요하면 언제든지 도전하는 그 자세가 마음에 여유를 낳고, 인생과 생활을 풍부하게 만들어준다.

새내기 사회인이라면

이 책을 읽고 있는 사람이 이제 막 사회에 나온 새내기라면 잠시 생각해보고, 직업에 도움이 되는 것이든 취미든 뭔가 하나의 고수가 되는 목표를 정해두기 바란다. 사회인으로 살다보면 하루가 눈 깜짝할 새에 지나가버리는 것을 느낄 수 있다. 직장생활은 처음 한동안은 흥분의 연속이고, 그것이 매일의 의욕이 되어주기도 한다. 하지만 그리 오래지 않아 새로운 일이 대충 손에 익으면, 이제는 그런 일에 휘둘리며 하루가 지나가버리는 데 대해 경계심과 초조감을 느끼기 시작한다.

그럴 때 어떤 한 가지 일에 하루 한 시간 혹은 일주일에 한두 번쯤 시간을 내서, 자신의 지식이나 기능을 쌓아나가는 것이 정신건강에도 매우 유익하다. 그 하루 한 시간이나 일주일에 한두 번이 심리적으로는 자기 확인의 시간도 되어주기 때문이다.

　숙달의 대상을 자신의 직업과 관련된 것으로 정하는 것에는 개인차가 상당히 있는 것 같다.

　어떤 사람은 업무에 필요한 자격증이나 업계의 상위 자격증을 따서 자신의 직무 능력이나 직업상의 지위에 바로 도움이 되길 바란다. 또, 직장도 그런 자격증이 바로 쓰일 수 있는 구조로 되어 있다.

　자신의 직업에 지금 당장 도움은 되지 않더라도, 가까운 장래에 그럴 가능성이 있는 기능을 배워 익히려고 하는 사람도 있다. 앞으로 외국의 거래 회사와 서로 의논할 입장에 놓일 경우를 대비해서 외국어를 배우려고 한다거나, 장래 도움이 되도록 지금의 직업과 다소 관련된 기능이나 컴퓨터 프로그램 기능을 익혀두려고 생각하는 경우이다.

　직장생활과는 관계없이 자기 자신의 마음의 양식을 위해 뭔가를 배워두려고 하는 사람들도 있다. 다도나 꽃꽂이, 서예 등을 배우거나 와인 감별을 배우는 경우이다.

　어쨌든 시간을 들여 노력하여 어느 수준으로 숙달시킴으로써 심리적으로도 느긋한 생활을 할 수 있다. 그러한 가운데 매일 또는 매주 조금씩 자신의 기량이 숙달되어 가는 것을 느끼면서 사는 것은 매우 중요하다. 또 멋지게 자신의 일을 소화하는 한편, 그와 같은 숙련을 달성했다는 뿌듯함은 마음 깊은 곳에서 자신의 능력에 대한 자부심, 자신감으로도 이어진다.

사회에서 중심적인 역할을 하는 사람이라면

30대와 40대는 인생의 기복이 가장 심할 때이다. 직장에서는 이른바 중간 관리직의 상층에 가깝고, 가정적으로는 아이들에게 많은 신경을 써야 할 시기로 접어든다. 직장에서의 책임감이 증가하면서 더불어 그 내용 자체도 다양한 형태를 띤다.

그렇기 때문에 때에 따라서는 현재의 일에 새바람을 불어넣고 싶을 때가 있는가 하면, 간부 스카우트에 응하거나 새로운 일에 도전해보고도 싶은 그야말로 온갖 생각에 사로잡히는 시기이다.

한편, 직업적으로 자신의 발판을 단단히 굳힌 상태에서 새로운 취미를 시작해보려고 하는 사람이나, 젊은 시절 잠시 손댔던 기능을 다시 한번 제대로 익혀보려고 하는 사람도 있다.

그러나 가장 주의해야 할 것은 지금까지 쌓은 지위에 심리적으로 안주하는 경우이다. 자신이 할 수 있는 일만 하고, 새로운 능력개발을 외면하고 살다보면 점점 긴장을 잃고, 자기 자신을 중시하는 일도 잊어버릴 수 있다. 그렇게 되면 어느새 전문적인 일에 관한 판단도 새로운 것을 피하는 보수적인 성향에 물들어갈 가능성이 있다. 이러한 사람은 사실상 자신의 시간이 빛을 잃어버린다. 그와 같은 사람은 "이 나이에 새로운 일을 시작하는 것은 무리지"라는 잘못된 체념에 물들기 쉽다. 나이와 능력에 대해 엄밀히 검토한 최근의 심리학 연구 결과에 따르면, 기본적으로 나이가 들었다고 해서 능력이 떨어지지는 않는다고 한다.

반대로 3, 40대가 되어서도 하루하루 나아지고 있음을 실감하고 산다면 내일을 즐거운 마음으로 바라볼 수 있다.

정년을 코앞에 둔 사람이라면

정년이 코앞에 다가오면 "내 직업은 이 일로 마무리되겠구나" 하는 예상을 하게 된다. "굽이굽이 일도 많았던 직장인으로서의 내 인생, 여기까지 무사히 왔구나, 그동안 나름대로 공헌도 했지" 하는 총체적인 느낌이 자연스럽게 마음속에서 우러나올 것이다. 여기까지 온 사람이라면 정년을 기다리지 말고, 뭔가 숙달할 대상을 찾아볼 것을 권한다.

지금까지 자신의 일에 만족하며 살아온 사람일지라도 때로는 쓸쓸하거나 세상의 무상함을 느낄 수 있다. 또, 명함이 없어진다는 것은 정신없이 일만 해온 사람들에게 새로 적응해야 할 큰일이 아닐 수 없다. 어떤 종류의 허무함을 느끼는 순간이 점차 많아지고, 자신도 쉽게 이해할 수 없는 불쾌함이나 초조함으로 괴로울 때도 다소 늘어난다. 그러한 시기를 잘 극복하는 사람 중에는 특기나 취미를 즐기는 사람이 많다.

정년기는 심리적으로 매우 적응하기 힘든 시기이다. 숙달할 대상이나 목표를 가지고 있으면 이 시기를 좀더 쉽게 넘길 수 있다.

정년 후의 사람이라면

정년을 맞았을 때 새로운 일에 도전할 마음을 지닌 사람은 행복한 사람이라고 생각한다.

이 시기의 심리적 적응 등에 대한 연구서가 많이 나와 있지만, 거기에서 한결같이 지적하는 말 중의 하나가 풍부한 사회적 관계의 중요성이다. 사회적 관계가 풍부한 사람일수록 심리적으로 밝고, 건강상태도 좋은 노년기를 맞이할 수 있다.

나이를 먹으면 기억력이 나빠진다고 생각해서 체념하는 사람들도 많지만, 하면 할 수 있다는 마음으로 도전하는 것이 좋다.

숙달할 대상을 가지고 있으면 그것을 통해 새로운 인간관계를 만들 수 있다. 또, 지금까지 자신에게 있다고 자각하지 못했던 능력이나 재능을 발견하는 경우도 많다. 자신의 미적 감각이 뛰어난 것을 발견하거나 음감(音感)이 뛰어난 것을 발견하는 수도 있다. 직업에서 해방된 뒤 오히려 자신의 새로운 가능성을 발견하는 것은 큰 기쁨이라고 생각한다.

2. 할 수 있는 것부터 시작하자
── 초보자에서 중급자로 가는 단계

우선 시작해본다

당연한 말이지만 고수가 되기를 바란다면 우선 시작부터 해야 한다. "어떻게 하면 기량이 나아질까"에 대해서 처음부터 너무 심각하게 생각하면 평생 시작하기 힘들다. 방법을 모르겠다는 사람은 사실 그 방법을 모르는 것이 아니라, 아직 숙달할 마음자세가 되어 있지 않은 사람이다.

흔히 공부를 못하는 학생은 "공부하는 방법을 모른다"고 한다. 그럴 때 필자는 "공부하는 방법은 공부를 시작하면 저절로 알 수 있다"고 말해준다. 직립보행(直立步行)이라는 것이 기능으로서는 좀처럼 어려운 일이라고 생각되지만, 우리가 걷기 시작했을 때 "어떻게 걸어야 하는 거지"라고 생각했던 것은 아니다. 걷다 보니 그 방법을 알게 된 것이다.

입문서를 읽는다

뭔가를 하겠다고 마음먹었을 때, 그 다음에 필요한 것은 입문서나 개론서를 읽어보는 것이다. 꼼꼼히 읽어야 되는 것은 아니므로, 적어도 구입해서 손닿는 곳에 놓아둔다. 어떤 것이든 입문서가 나와 있기 마련이다. 할 수 있다면 다른 사람에게 어떤 책이 좋은지 자문을 구한다. 서점에서 몇 권을 발견했을 때는 직접 페이지를 넘겨보며 정하는 것이 좋다.

전체적인 지식은 나중에 설명하는 것처럼, 또 다른 방법으로 더욱 철저히 얻을 수 있다. 이 단계에서는 간접적으로 재미를 느껴보는 것이 좋다.

우선 지식을 대충 얻고 싶을 때는 고등학교 교과서 수준이나 백과사전 등도 의외로 적당한 입문서가 될 수 있다.

훗날 장기에서 '명인(名人)'이라는 최고봉에 오른 타니가와 코우지(谷川浩司)의 최초 입문서가 백과사전의 '장기' 항목이었다는 것은 널리 알려진 일화다.

두근거리는 순간

전체적으로 이 단계에서는 숙달하고자 하는 대상과 친숙해지는 것이 중요하다. 영어실력을 높이고 싶다면 어느 정도 영어라는 자극에 빠져

본다. 이해하고 못하고는 나중 문제이므로 우선 빠져보는 것이다. 그리고 단순하게 빠져 있는 동안 그러한 자극이 자신에게 '호소해오는' 것이 있는지, 그 자극에 마음이 감동하고 있는지를 관찰해본다.

바둑에서 톱 아마추어가 된 사람으로, 어린시절에 처음 바둑판을 보고 우주를 느꼈다는 사람이 있다. 특히 한 변이 19줄로 되어 있는 것에서 그런 느낌이 들었다고 한다. 그 사람에게는 바둑판이 어떤 종류의 우주관을 표현하는 장소가 되어주었던 것이다.

이처럼 갑자기 가슴이 뛰고 두근거리는 순간이 찾아온다. 제3자의 눈으로 냉정히 볼 때는 매우 주관적인 흥분이지만, 숙달하는 데의 심리적 토대라는 의미에서 그것은 매우 중요한 일이다.

'자극이 마음에 호소해오는' 현상

이와 같은 현상이 왜 일어나는가에 대해 잠시 살펴보기로 하자.

기능을 익히는 것은 기능의 구성요소를 유의미(有意味)한 것으로 처리하는 능력의 숙달과 함께 진행된다.

어제까지 무의미하게 처리되고 있던 자극이 마음에 뭔가를 호소해오는 느낌이 드는 것은, 그것들이 유의미하게 처리되기 시작한 증거이다. 유의미한 처리가 완전히 이뤄지게 되면 각각의 의미에 맞는 준언어(準言語) 처리(코드화)가 행해져 의미가 인식되기에 이른다. 하지만 그 도중의, 의미 처리가 단지 싹을 트는 데 지나지 않는 시점에서는 어느 정도 의미를 느끼기는 해도 완전한 코드로서는 포착되지 않아 그 의미와 관련된 막연한 정감만을 '설레임' 같은 형태로 느끼게 된다. 그것이 바로 '자극이 마음에 호소해오는' 현상이다.

따라서 이 현상이 본격적인 유의미한 처리로 이끄는 길잡이가 되는 것이다. 이 시기를 거치면 의미처리 능력이 제대로 갖춰지기 시작한다.

초보자 그리고 중급자의 단계에서는 "뭔지는 몰라도 마음이 끌리는 데가 있다"고 느끼는 것이 중요하다. 마음을 가라앉히고 자신을 응시하면, 설사 독단적으로 느껴질지라도 그러한 느낌이 드는지가 자신의 발전 가능성을 찾는 중요한 계기라고 생각한다.

빈도를 정한다

이쯤에서 고수가 되기 위해 연습이나 학습에 임하는 빈도를 대충 정해야 한다. 참고로 학습심리학에서 밝혀진 사항을 참고해보기로 하자.

학습 후 망각현상이 일어나는데, 그것은 서서히 일어나는 것이 아니라고 한다. 망각은 학습한 지 24시간 뒤, 72시간 뒤, 그리고 6~7일 뒤에 크게 일어난다. 무의미 처리된 학습에서는 24시간 뒤에 70% 정도를 기억하고 있다. 그리고 거의 72시간 뒤에 20~30% 정도로 뚝 떨어진다. 그 시기가 잠시 이어지다가 그로부터 1주일 뒤에 다시 뚝 떨어진다. 그런 형태로 망각이 일어나고 있어 복습은 각각의 망각이 일어나기 직전인 24시간 뒤, 72시간 뒤, 1주일 뒤에 하는 것이 효율적이다. 따라서 연습이나 학습계획을 세울 때에도 이것을 고려하여 빈도를 생각하면 된다.

일주일에 한 번이라면 숙달되지 않는 것은 아니지만 큰 발전은 기대할 수 없다. 일주일에 두 번으로 한다면 한 번의 경우와 비교할 때 숙달의 속도는 천양지차로 벌어진다.

일주일에 두 번보다 높은 빈도로 하려면, 다섯 번 정도로 '거의 매일' 하는 꼴이다. 일주일에 세 번은 두 번에 비해 그다지 큰 이점이 없기 때문이다.

필자는 보통 일주일에 두 번 또는 한 번 반 정도를 목표로 하는 데서부터 시작하면 좋을 거라고 생각한다. 교실이나 스쿨링(통신교육 학생을 위해 단기간 교실에서 이뤄지는 직접 수업. — 옮긴이) 수업이 일주일에 한 번밖에 없는 경우라면 나머지 한 번은 집에서의 복습시간을 넣는다. 노트를 다시 보는 것만으로도 실력은 크게 달라진다. 악기 연주라면 매일 조금씩이라도 연습하는 것이 중요할지 모르지만, 일반적인 기능 습득이라면 일주일에 두 번 혹은 한 번 반으로도 충분히 고수가 될 수 있다.

학습심리학 영역에서는 연습의 집중과 분산이라는 문제에 대해서도 연구를 진행하고 있다. 매일이다시피 고도로 집중적인 연습을 하고 있을 경우, 어떤 사정으로 연습을 못하게 되면 비교적 단기간에 급격한 망각 현상이 발생한다. 반대로 분산훈련(分散訓練)이라고 하여 상대적으로 낮은 빈도로 연습을 하고 있을 경우, 숙달 속도도 늦는 대신 연습을 못하게 되었을 경우의 망각 현상도 완만한 편이다.

연습 빈도가 너무 잦으면 계속하지 못하게 되었을 때의 심리적 부담이 커질 수 있다. 매일 연습하던 것을 어떤 사정으로 2주일쯤 못하게 되면 눈에 띄게 기량이 쇠퇴한다. 그 일로 실망을 느끼게 되는 것도 장기적으로는 마이너스가 될 수 있다. 따라서 연습 빈도를 정할 경우에는 이와 같은 상황도 고려해두는 것이 필요하다고 생각한다.

학습의 장을 정한다

빈도를 정하는 것과 동시에 어디서 배울 것인가 하는 문제도 생각해봐야 한다.

처음 시작할 때에는 선생이 좋은 지도자인지 좀처럼 분간하기 힘들다. 그럴 경우에는 배우러 오는 사람을 보면, 앞으로 배우게 될 선생이 자신에게 맞는 사람인지 비교적 잘 알 수 있다. 나보다 먼저 배우고 있는 사람들 중에, 내가 모델로 삼고 싶어 할만한 사람이 있는지 살펴보는 것도 큰 단서가 될 수 있다.

우선 주목해야 할 것은 배우고 있는 사람들의 성장 속도와 성장 차원이다. 성장 차원이라면 예를 들어 우열을 다투는 느낌이 강하지는 않은지, 진도 나가는 데 너무 중점이 두어져 있지는 않은지 하는 관점이 있다.

또한 그렇게 열성적이지 않은 사람을 얼마나 허용하고 있는지도 중요한 관점이 된다. 자신의 마음자세를 기준으로 해서 너무 허용을 해도, 혹은 너무 허용을 하지 않아도 수업은 제대로 진행되지 않는다. 선생의 경우에도 지식이나 기능, 가르치는 레퍼토리가 지나치게 편향된 사람과 그렇지 않은 사람이 있다. 또 배우는 사람들의 개인차를 따져서 가르치고 있는가도 중요한 관점이 된다.

스포츠의 경우라면 신장의 차이나 민첩함, 지구력이나 순발력이 있고 없음에 따라, 각 개인의 차이에 따른 자세나 전술을 가르치는 사람이 좋은 지도자다. 그와 같은 것을 종합적으로 고려하여 학습의 장을 정하는 것이 중요하다. 또 이와 같은 요소 외에, 자신과 잘 맞는지를 살피는 직관적인 궁합도 무시할 수 없는 조건이다.

자신의 특기를 찾는다

특기라는 것은 실력 향상의 큰 원동력이 된다. 배우고 있는 기능 중에서 되도록 빨리 뭔가 자신의 특기나 좋아하는 것을 찾아보는 것이 바람직하다.

예를 들어 바둑에는 여러 가지 '행마법'이 있다. "모자는 일자(日字)로 벗어라" "두 점 머리는 두드려라" "빈삼각은 나쁘다" 등등. 그러한 것 중에서 우선 자신이 좋아하는 점을 특기로 만드는 것이 고수가 되는 요령이다.

골프도 드라이버로 날리는 것이 특기라거나, 숏 아이언으로 어프로치하는 것을 좋아한다거나, 혹은 퍼팅을 좋아하는 등 어느 정도 자신의 '기호'를 찾아본다. 그런 뒤에는 그 '기호'에 잠시 관심을 가져보는 것이다.

특기를 정하는 과정의 중요성

초보 단계에서는 억지로라도 좋아하는 것을 만드는 것이 바람직하다. 거기에는 몇 가지 이유가 있지만, 그 중 하나는 좋아하는 것을 정하는 과정 자체가 고수가 되는 길을 약속하기 때문이다.

숙달의 중요한 측면은 준언어 처리인 코드화에 의해 유의미한 처리능력을 얻는 것이다. 초보인 이 단계에서는 코드화의 능력이 아직 충분히 갖춰져 있지 않다. 하지만 유의미한 처리의 초기 단계에서는 애매하지만 정감(情感)이 발생한다는 것을 이미 설명했다. 좋아하는 것을 정하는 과정은 이렇게 아직 코드화까지는 도달해 있지 않은 인지과정에서 발생하는 정감에 귀를 기울이고, 자신에게 가장 좋은 기분을 호소해오는 자극을 읽어내는 과정이다.

초보 단계에서는 모든 자극이 정감을 호소해오는 것은 아니다. 그 중에서 긍정적인 정감을 호소해오는 것과 부정적인 정감을 호소해오는 것을 구별하고, 가장 긍정적인 자극들을 선택하는 것이 이 과정이다. 이때 좋아하는 것을 왜 좋아하는지 언어적으로 인식할 수 없다 하더라도 문제는 없다. 자신 속에서 형성되어 가고 있는 코드 시스템의 중심축을 나름대로 추출할 수 있는 단계가 이 과정 뒤에 찾아오기 때문이다.

제2장 고수의 기억구조

1. '해낼 수 있는 사람'의 기억구조

상급자가 될 수 있는 사람, 중급자로 그치는 사람

우선 초보를 벗어나 중급자의 대열에 들어선다. 여기까지는 누구나 비교적 쉽게 도달할 수 있다. 문제는 초, 중급자로 그치는 사람과 상급자가 될 수 있는 사람은 어디가 다른가 하는 것이다. 그 차이를 기억의 구조로 살펴보자.

본서에서는 고수의 경지에 도달한 사람을 상급자라 하고, 고수가 되는 과정에 있는 사람을 중급자라 부른다. 실제로는 수많은 탈피 과정을 거쳐 숙달해가는 것이므로, 양쪽 다 어디까지나 상대적인 호칭이다.

상급자가 그 실질적인 기능이나 여러 가지 면에서 중급자보다 나은 것은 당연하다. 하지만 그 기능 외에 찾아보기 힘든 부분에서의 차이도 엄연히 존재한다. 이번 장에서는 잠시 그 찾아보기 힘든 차이에 주목해 보고자 한다. 그러면 거기에는 기능의 종류를 불문하고 상급자에게 공통된 특징이 있을 것이다. 그 상급자의 공통된 특징을 심리학적으로 설명해보기로 하자.

고수는 연습의 양이나 시간에 비례하여 얻을 수 있는 것이 아니다. 10년간 영어를 공부하고도 여전히 자유롭지 못한 사람이 있고, 이삼 년 만에 고도의 영어실력을 갖추는 사람도 있다. 또, 바둑이나 장기를 20년 동안 하고서도 만년 초보인 사람이 있는가 하면, 불과 몇 년 만에 1단으로 훌쩍 올라온 사람도 있다.

정신력, 집중력의 차이가 있을지 모르지만 연습 방법이나 몰두하는 방식이 이치에 맞느냐에 따라서도 차이가 크다. 그 '이치'를 본서에서는 '고수가 되는 법칙'이라 말하고 있다.

고수가 되기 위해서는 어떠한 상태를 목표로 하고 있는지 알아야 한다. 그러한 목적에서 상급자의 상태를 폭넓게 살펴보고 이론적인 이해를 끌어내보기로 하자.

기초적인 용어 정리

본장에서는 기량이 어떤 구조로 유지되고 있는지 대충 살펴보기로 하자. 단, 기억 특히 워킹 메모리, 단기기억, 아이코닉(감각기억) 메모리 등에 대해서는 조금씩 다른 이론이 많이 제기되고 있어 그 구분이 다소 불명확한 상태다.

여기서는 그들 가운데 단기기억과 워킹 메모리를 구별하는 모델을 들어 설명하고자 한다. 실제로 워킹 메모리와 단기기억이 개별적인 기능인지에 대해서는 기능의 독립성의 기준을 어디에 두는가 하는 문제와 실험의 정밀도가 깊이 맞물려 있어 확정적인 정설은 나와 있지 않다.

그럼 먼저 본서에 자주 나오는 용어를 정리해두기로 하자. 딱딱하게 느껴지겠지만 참고 읽어주기 바란다. 또, 본서를 다 읽은 뒤라도 필요에 따라 이 부분을 다시 음미해보면 좋을 것 같다.

'기능' '기량' '하위기능' '하위기량'

본서에서는 '기능'을 '기량'이 발휘되는 기술을 가리키는 용어로서 사용한다. '마라톤' '다도' '통계계산' '테니스' '수학' '영어' 등이 그 예이다. 기능은 몇 가지의 하위기능(기초기능)으로 구성된다.

예를 들어 테니스라는 기능은 포핸드 스트록, 백핸드 스트록, 서브, 발리(Volley:상대가 친 볼을 코트에 바운드하기 전에 직접 치는 타구.─옮긴이)와 같은 많은 기초기능으로 구성된다. 영어라면 '어휘' '문법' '발음' 등으로 구성된다. 이들을 명칭으로서 가리킬 때 '하위기능'이라는 용어를 적용하기로 한다.

각각의 기능에 있어 기술이나 인식의 정도로 '기량'이라는 용어를 사용하기로 한다. 테니스의 기량이라고 하면 종합적인 테니스 실력을 말한다. 기능에 따라서는 기량의 정도가 단위(段位)와 같은 명칭으로 표시되는 일이 있다.

하위기능의 정도나 강도를 설명할 때는 '하위기능의 기량' 혹은 '하위기량'이라는 용어를 사용한다. 단, 문맥상 분명할 때는 그것과 같은 뜻의 표현으로서 '근력(筋力)' '날렵함' '개별적인 능력'과 같은 용어를 사용하는 수가 있다.

스키마(인지의 틀)

본서에서는 '스키머(schema)'라는 용어를 많이 사용한다. 인지의 틀이라는 뜻이지만, 이 말에는 매우 많은 의미가 담겨 있다. 기타 줄이 제대로 조율되어 있지 않은 것은 소리를 들으면 금방 알 수 있는데, 이러한 직관적인 음감(音感)도 스키머의 하나이다.

테니스 게임을 하다 보면 상대가 볼을 치는 순간만 봐도 대체로 어떤 종류의 볼이 어디로 날아올지 짐작이 가고, 그럴 때 자신도 그 예측 지점을 향해 발을 내딛고 있는 경우가 많다. 이것도 모두 스키머의 기능이다.

스키머란 이처럼 자각하고 있는 정보의 통합과 해석으로, 거기에 대응한 운동이나 그 운동을 위한 근육의 움직임 등을 조정하는 데 이용되는 인지의 틀이지만, 기본적으로는 장기기억의 일종으로 생각된다. 기량이나 슬럼프에 대해 논할 때 각종 스키머를 구체적으로 살펴보게 되는데, 본서에서는 그 경우에 따라 '운동 스키머' '감각 스키머'와 같은 편의적인 명칭을 적당히 사용하기로 한다.

또, 기량이나 스키머의 구조를 논할 때에 상대적으로 기량이 높은 사람과 낮은 사람의 차이로서 논하면 이해하기 쉬울 때가 많다.

기량을 유지하는 기억의 구조

기량은 기본적으로 기억에 의해 유지되고 있다. 그것이 운동경기이거나 지식이거나 또는 감정기능과 같이 인지능력 자체를 주체로 한 것이라도 마찬가지다. 기량의 정도가 해당 지식이나 기능 레퍼토리의 절대량에 대응하는 것은 당연하다. 그것은 가장 근본적으로 '이미 기억하고 있는 것의 양'을 뜻한다.

그러나 상급자는 중급자에 비해 이미 익힌 기억의 내용물의 양 이외에, 새로 기억하는 능력이나 기억과 관련된 여러 가지 인지 반응에 차이가 있다.

그 인지 반응은 인지로서의 구조를 지니고 있다. 그것을 스키머라고 한다. 상급자는 뛰어난 스키머를 가지고 있다. 지식이 많다기보다는 스키머가 뛰어나다는 점에서 뛰어난 지식이나 기능이 발휘되는 것이다.

상급자는 왜 기억력이 높은가

상급자는 중급자에 비해 새로 기억하는 능력이 훨씬 좋다. 예를 들어 바둑의 상급자는 자신이 둔 바둑을 다음날 재현할 수 있다. 뿐만 아니라 자기 옆에서 두고 있던 다른 사람의 대국도 끝나고 난 뒤 정확한 감상을 들려줄 수 있다.

그림의 상급자도 마찬가지로 그림을 봤을 때의 우발적인 기억이 훨씬 좋다. 훗날 유화로 미술전에서 입상을 했던 어떤 사람은 어린 시절부터 그림을 보고 기억하는 능력이 남달랐다고 한다. 가족 네 명이 전시장에서 천천히 그림을 보는 동안 유치원생이던 그는 전시장을 뛰어다녔는데 집에 돌아와 식구들이 보고 온 그림 이야기를 하면 그 유치원생이 놀랄 만큼 각 그림의 특징을 정확히 기억하고 있었다는 것이다.

이처럼 상급자의 하나의 특징은 기억력이 높은 것이다. 구체적으로는 의도적인 기억, 우발적인 기억이 모두 높고 기억의 재현이 빠르고 정확하다.

이와 같은 예는 상급자와 중급자의 기억에 질적인 차이가 있음을 보여주고 있다. 그러한 질적인 차이의 구조를 생각하는 것이 사실은 고수와 슬럼프를 이해하는 데 큰 단서가 되고 있다.

'선언형 지식'과 '수속형 지식'

상급자의 기억을 살펴보기 전에 먼저 기억의 구조에 대해 먼저 알아보기로 하자. 다만, 기억에 대한 학설은 뇌의 작용을 실시간으로 관측할 수 있는 의학적 연구가 발달하여 끊임없이 진보 발전하고 있다. 그러므로 여기서는 숙달에 목적을 맞춰 논리적으로 기억을 살펴보기로 한다.

지식은 '선언형(宣言型) 지식'과 '수속형(手續型) 지식'으로 구분된다. 선언형 지식이라는 것은 자신의 이름이나 수학공식, 단어, 역사처럼 이른바 우리가 일상적인 감각으로 보통 '지식'이라 부르는 것이다. '코끼리의 코는 길다'라는 것은 주어와 서술어가 있는 지식 형태로 지식심리학에서는 스테이트먼트(선언)로 불린다. 선언이라는 형식을 이용해 표현되므로 선언형 지식이라고 하는 것이다. 'dog은 개다' '원주율은 3.14다' '6.25전쟁은 1950년에 일어났다'라는 지식은 모두 선언의 형식으로 표현되기 때문에 선언형 지식이다. 기본적으로는 언어로 거의 충분히 표현할 수 있는 지식이다.

지식 형태가 선언이 아니고 수속으로 표현되는 지식이 수속형 지식이다.

당구에서 볼을 어떻게 치는지 기억하는 것은 언어만으로 표현할 수 없는 '수속'을 포함한 지식이다. 그 밖에 꽃향기에 대한 기억이나 미각에 대한 기억 등은 수속형 지식이다. 기능을 습득하는 데는 이 양쪽이 모두 필요하다.

또, 같은 기능이나 같은 지식이라도 선언형 지식과 수속형 지식을 어느 정도의 비중으로 지니는지는 사람에 따라 다르다.

자동차로 어떤 곳을 갈 경우 가는 방법에 대한 지식을 생각해보자.

사람에 따라서는 머릿속에 동서남북의 지도가 그려져 있고, 그 지도 위에 자신이 달려야 할 길이 기억되어 있는 경우가 있다. 그 지식은 선언형 지식이다. 사람에 따라서는 그와 달리 돌아가야 할 모퉁이의 가게 지붕의 색깔이나 어딘가 다소 가파른 커브를 돌았을 때 몸으로 느꼈던 운전감각 등이 큰 단서가 되는 경우가 있다. 이것은 수속형 지식이다. 어떤 사람이든 선언형 지식과 수속형 지식이 서로 뒤섞여 보완되어 목적지로 가는 방법의 지식이 유지되고 있다.

기억의 구조 ― 네 종류의 기억

본서에서는 기량을 이해하기 위해 기억을 네 종류로 구분한다.

'아이코닉 메모리(감각기억)' '단기기억' '워킹 메모리' '장기기억'이 바로 그것이다.

기억에 관한 연구에서는 자기공명(磁氣共鳴) 등을 이용해 머리를 열어보지 않고, 뇌를 마취하지 않은 채 뇌의 활동을 관찰하는 방법이

기억의 구조

```
                        외계의 자극(지각대상)

    ┌─────────┐
    │ 아이코닉 │
    │  메모리  │                              ┌──────────┐
    └─────────┘                              │ 일부는 코드화│
         │                                    └──────────┘
      코드화         ┌────┐  ┌────┐
         │           │ 코드│  │ 코드│
         ▼           │스키머│  │스키머│
    ┌─────────┐      └────┘  └────┘
    │  단기기억 │                    ┌─────────────────┐
    │  7개 청크 │ ──────────────▶  │    워킹메모리     │
    └─────────┘                    │                  │
         │                         │  ┌──────────┐   │
      반복연습                      │  │ 중앙실행계 │   │
         │                         │  └──────────┘   │
         ▼                         │     ↻    ↻       │
    ┌─────────┐                    │  ┌────┐ ┌────┐  │
    │  장기기억 │ ──────────────▶  │  │음운│ │시각적│  │
    │ 선언형지식│                    │  │루프│ │메모리│  │
    │ 수속형지식│                    │  │    │ │ 패드 │  │
    │  스키머  │                    │  └────┘ └────┘  │
    │   코드   │                    └─────────────────┘
    └─────────┘                              │
         │                                    │
         └──────────────┐      ┌─────────────┘
                        ▼      ▼
                     ┌──────────────┐
                     │     행동      │
                     └──────────────┘
```

고수의 기억구조 47

많이 사용된다. 그 결과 이 네 종류의 기억은 각각 뇌의 다른 부위에서 기능하고 있다는 사실이 밝혀졌다. 단기기억과 워킹 메모리에 대해서는 이 두 가지가 독립된 기능인지 아닌지에 대한 이론이 있지만, 여기서는 별개의 기억 기능이라는 입장을 택하기로 한다. 기능을 이해하고 슬럼프와 고수의 구조를 이해하는 데 편리하다고 생각되기 때문이다.

① 아이코닉 메모리(감각기억)

우리가 사물을 보거나 들을 때 그것은 우선 '아이코닉 메모리(감각기억)'에 들어간다. 아이코닉 메모리는 본 그대로 들은 그대로의 '생생한 기억'을 단지 수백 분의 일 초만 저장할 수 있는 기억이다.

아이코닉 메모리가 강한 사람은 사자가 몇 마리 그려져 있는 그림을 아주 짧은 시간 동안 보고도 그림 그대로 기억에 담아둘 수 있다. 그리고 책을 덮고 그림을 보지 않는 상태에서 "오른쪽에서 두 번째 사자의 수염이 몇 개 있었습니까?"라는 예기치 않은 질문을 받으면, 곧바로 그림을 떠올려 수염을 세어보고는 '16개'라는 식으로 대답할 수 있다. 이것은 시각 자극이 사진처럼 기억되는 예로서, 이와 같은 것을 아이코닉 메모리라고 한다.

이런 종류의 실험을 거뜬히 해낼 수 있을 만큼 아이코닉 메모리를 갖추고 있는 사람은 연소자 중에 많고, 그 대부분은 나이가 들면서 그 기능을 잃어간다. 그러나 극소수의 사람은 아이코닉 메모리를 계속 유지할 수 있다.

또, 비문명화한 사회에는 아이코닉 메모리가 뛰어난 사람이 비교적 많다는 연구도 있고, 아이코닉 메모리의 기능을 잃는 것이 언어기능의 획득과 연관되어 있다는 학설도 있지만, 아이코닉 메모리를 측정하기 어려운 점도 있어 정확한 것은 알 수 없다.

아이코닉 메모리는 시각(視覺)의 경우 실험방법이 갖추어져 있어 그 존재가 비교적 확실히 드러나 있지만 나머지 감각(청각, 후각, 미각, 촉각)이 모두 그러한지는 확실치 않다.

아이코닉 메모리는 지속시간이 매우 짧다. 게다가 깨어 있는 동안 계속해서 새로운 사상(事象)이 들어오므로 기억 내용이 금세 교체되어 버린다. 따라서 아이코닉 메모리는 필요 정도가 높은 기억 내용을 선택해서 안정적으로 유지할 수 없다.

기억 내용이 날아가지 않게 하기 위해서는 그것이 아이코닉 메모리에서 단기기억으로 이행되어야 하는 것이다.

② 단기기억

누군가의 전화번호를 수첩에서 찾아 전화를 걸 때, 보통은 한 번 보고 나서 그대로 번호를 누를 수 있다. 누르고 있는 동안 전화번호에 대한 기억이 일시적으로 저장되어 있는 것이 단기기억이다. 뇌 속에 그 전용 부위가 있다는 것이 최근의 연구로 밝혀졌다.

단기기억은 기억용량과 시간에 제약이 있다. 보통 기억용량은 7개의 청크(chunk) 전후, 시간적 한계는 수초 정도로 되어 있다. 청크라는 것은 하나로 뭉친 의미의 덩어리를 가리키는 단위 개념이다. 전화번호는 같은 지역이라면 보통 일곱 자리나 여덟 자리라서, 7개의 청크 용량에 담기므로 한번에 기억할 수 있다. 시외 국번은 잘 알고 있는 거라면 1개의 청크 밖에 되지 않는다. '02'가 '서울'이라는 의미가 되므로 1개의 청크로 충분하다.

따라서 잘 알고 있는 지역의 전화번호는 7개의 청크 전후면 해결되므로 대충 한번에 기억할 수 있지만, 잘 모르는 '064' 등으로 시작되는 번호라면 유의미 정도가 낮아 전체가 7개의 청크 전후로는 모자라게 되므로 단번에 기억하기 힘들다.

단기기억에는 또 한 가지 중요한 제약이 있다. 그것은 기억의 내용이 코드(기호 또는 준언어)로 표시되지 못하면 사용하기 힘들다는 것이다. 코드화(준언어처리) 된 정보가 7개의 청크 전후에 들어가는 것이 용량의 한계다. 여기서 말하는 코드란 언어와 같은 뜻은 아니지만, 언어나 번호는 대표적인 코드의 하나이다. 코드화된 정보가 아니면 기억하기 어렵다는 것은 숙달이나 슬럼프를 생각할 때의 중요한 요소이므로 염두에 두기 바란다.

전화가 연결되고 말을 하기 시작하면 보통 전화번호는 기억하지 못한다. 그것은 대화의 내용이 단기기억을 점령해버려, 먼저 들어와 있던 전화번호의 기억은 날아가버리기 때문이다. 이것도 단기기억의 용량이 적은 데 연유하고 있다.

전화번호부 옆에 전화가 없을 때는 전화번호를 보고 나서 이동하는 동안 잊어버리는 경우가 많다. 이것은 단기기억의 시간적 한계가 기껏해야 수초 정도이기 때문이다. 이동거리가 길 때는 메모를 해두던가 입이나 머릿속으로 그 번호를 계속 중얼거리며 유지하는 것이 필요하다.

이것은 뒤에 설명하는 워킹 메모리의 음운을 반복해 단기기억을 재입력하는 것이다.

③ 워킹 메모리

워킹 메모리는 작동기억이라고도 한다. 행동이나 인지행위를 하고 있는 중에 활동하고 있는 기억이다. 워킹 메모리가 다른 기억과 다른 것은 기억 내용을 변환하거나 반복할 수 있다는 점이다. '이 책의 저자는 1930년생이다'라는 기억 요소를 보고 저자의 나이가 몇 살인지 생각할 때, 그것을 떠올려 계산해보거나 자신과의 나이 차이를 계산해서 몇 살인지 이끌어내는 데까지의 작업을 할 때 사용하는 것이 워킹 메모리다.

워킹 메모리는 '음운 루프' '시각적 메모리 패드' '중앙실행계'의 세 가지 요소로 구성되어 있다고 생각한다.

음운 루프는 소리를 루프처럼 반복해서 사용하는 것이다. 예를 들어 메모를 할 수 없는 상태에서 전화번호를 5분 정도 기억해야 할 때, 자연스럽게 그 번호를 머릿속으로(경우에 따라서는 소리를 내서) 반복해서 중얼거린다. 이때 사용하는 것이 음운 루프이다.

시각적 메모리 패드는 시각정보를 저장하는 곳이다. 예를 들어 모두 뒤집어져 있는 카드를 한 장씩 젖혀 짝을 맞춘다고 하자. 이때 카드의 위치를 표시할 수 없으므로 단지 카드의 위치를 '노려보며' 기억할 뿐이다. 그때 사용하는 것이 시각적 메모리 패드이다. 이러한 시각적 메모리 패드의 기억도 그다지 긴 시간 유지할 수 없다는 것은 일상적인 경험으로 알 수 있다.

음운 루프도 시각적 메모리 패드도 기억용량이나 지속시간은 모두 단기기억과 거의 같은 정도의 한계가 있다고 생각된다.

중앙실행계는 음운 루프, 시각적 메모리 패드의 정보 조작이나 변환을 관리하여 현 상태에 적응시키며, 그 적응을 잘하고 못하는 판단까지 맡아하고 있다.

④ 장기기억

안정적으로 장기간에 걸쳐 저장된 기억을 장기기억이라고 부른다. 우리가 일상적으로 말하는 '기억'에 해당된다. 자신의 이름이나 생일, 그리고 쉽게 잊혀지지 않는 구구단 등도 장기기억이다. 선언형 지식도 수속형 지식도 장기기억이 되어야 비로소 안정된다.

현재 장기기억은 반드시 반복연습을 통해 형성되는 것으로 여겨진다. 즉, 단기기억의 내용이 워킹 메모리에 의해 연습이 반복되어 장기기억으로 옮겨간다고 생각하는 것이다. 최근의 연구에 따르면 장기기억의 입구는 뇌의 해마로 불리는 부위쯤에 있는 것으로 짐작되고 있다.

장기기억에는 방대한 사상(事象)이 저장되어 있지만, 일정한 구조를 갖추고 있다. 그 구조는 대체로 의미처리와 관련된 구조인 것으로 알려져 있다. 이 구조가 제대로 형성되어 있으면 기억을 떠올리는 일이 효율적으로 이뤄진다.

고수가 되는 과정에서 의미의 인식구조가 변용될 때 이 구조에 약간의 모순이 발생하는 경우가 있다. 그러면 기억사상이 올바른 흐름에 따라 상기되지 않거나 기억을 검색하는 데 긴 시간이 걸리는 수가 있다. 구조의 변용에 의한 이런 종류의 검색 이상이 슬럼프와 깊이 관련되어 있다.

기억검색

 장기기억은 기억을 저장하고 있을 뿐으로 그 상태로는 도움이 되지 않는다. 그것을 떠올릴 수 있어야 비로소 기억으로서 도움이 된다. 떠올리는 행위는 장기기억에 저장되어 있는 기억 가운데 필요한 것을 워킹 메모리로 불러내는 일에 해당된다. 이것을 '기억검색'이라 부르며, 그 단서가 되는 것을 '인덱스' 또는 '검색자(檢索子)'라고 한다.
 기량이 높은 상태를 심리학적으로 표현하면 다음과 같은 상태라고 정리할 수 있다.
 (1) 기능에 필요한 선언형 지식과 수속형 지식이 장기기억에 풍부하게 저장되어 있을 것.
 (2) 장기기억을 단시간에 정확히 검색할 수 있는 상태로 구조가 이루어져 있을 것.
 (3) 검색된 장기기억이 되도록 효율적인 청크 수로 표시되어 워킹 메모리로 사용될 수 있을 것.

 숙달된 상태가 이와 같다고 한다면 숙달이라는 현상은 다음과 같이 생각할 수 있다.
 (1) 선언형 지식과 수속형 지식의 장기기억을 풍부하게 효율적으로

형성하는 것.

(2) 장기기억에 저장된 지식을 효율적으로 검색할 수 있는 상태를 형성하는 것. 즉 (a) 필요한 지식을 빨리 검색하고 (b) 관계없는 지식을 실수로 검색하지 않도록 장기기억이 형성되도록 하는 것. 그러기 위해서는 검색에 쓰이는 인덱스가 확실히 형성되고, 그 인덱스가 체계적인 상태로 유지되는 것.

(3) 장기기억에서 검색된 지식이 워킹 메모리로 출력되더라도 워킹 메모리를 여유 있는 상태로 유지하는 것. 그러기 위해서는 대부분의 지식이 적은 청크 수로 표상(表象)되는 상태를 형성할 것.

스키마와 검색 — 연관된 기억

지식은 무작위로 머릿속에 넣어져 있는 것은 아니다. 어떤 구조를 따라 기억되고 있다. 그 구조의 기능은 효율적인 기억과 효율적인 검색이다.

지식의 구조는 의미의 덩어리로 이뤄져 있어 구조 속에서 의미의 갈등이 크면 검색 효율은 떨어진다.

검색에 대해 프라이밍(priming)이라는 현상을 발견한 유명한 실험이 있다.

실험자는 미국인 피험자를 컴퓨터 앞에 앉혀놓고 아주 짧은 시간 동안 단어를 제시한다. 피험자의 과제는 그 단어가 '영어'인지 '비영어'인지 판단하여 '영어' 또는 '비영어'의 버튼을 누르는 것이다. 예를 들어 'Doctor'라면 영어, 'Doktor'라면 비영어의 버튼을 누르는 식이다.

이 과제에서 Doctor가 의사를 의미한다는 지식은 일단 필요없다.

피험자에게 단어를 제시하기 전, 그의 시선을 화면 중앙에 모으기 위해 보통 '+'를 제시한다. 하지만 이 실험에서는 '+'가 아니라 'Cooky'라는 단어를 제시했다. 이 단어를 프라이머(primer)라고 한다. 프라이머는 어떤 단어든 상관없으며, 피험자가 그 단어를 보고 뭔가 해야만 하는 것은 아니다. 하지만 'Doktor'가 영어인지 비영어인지 판단하는 데 걸리는 시간을 실험에서 정밀하게 측정한 결과, 프라이머가 'Nurse'인 경우 그것이 'Cooky'일 때보다 판단에 걸리는 시간이 짧다는 것을 알 수 있었다.

거기에 다른 단어도 사용하여 자세히 실험해보자 프라이머가 자극어(이 경우 'Doctor')와 의미에서 깊은 연관이 있는 경우에는 단시간에 끝나는 것으로 드러났다.

이것은 장기기억이 의미의 통합에 의한 구조를 가지고 있다는 사실을 보여준다. 'Cooky'라는 단어를 보고만 있어도 머릿속의 커서(cursor)는 과자나 음식물과 관련된 지식의 세계로 가 있다. 거기에서 의학 관련 지식이 저장되어 있는 위치까지는 다소 거리가 있으므로 커서가 이동하는 데 시간이 걸리는 것이다. 'Nurse'를 보고 있는 경우는 커서가 의학과 관련된 직업의 세계에 위치한다. 'Doctor'의 지식은 바로 그 부근에 있으므로 반응이 빠른 것이다.

스키머는 지식 검색에 대한 채비를 갖추고 있다.

상급자일수록 스키머가 중층 구조로 형성되어 있어 다면적인 검색이 가능하다.

다만 동시에 지식이 늘고 스키머가 중층 구조로 형성되어 있으면 검색 실수도 많아진다. 이러한 검색의 어려움이 증대되는 것이 슬럼프의 주요 원인의 하나가 되고 있다고 생각한다.

코드화

기능 중에는 보통 언어적으로 표현하기 힘든 요소가 많이 포함되어 있다.

예를 들어 테니스 라켓으로 볼을 쳤을 때의 감각이나 볼에 슬라이스 스핀(slice spin)을 걸 때의 팔의 움직임, 몸을 비트는 방법, 그러한 것들의 타이밍 조정방법 등은 모두 언어로 표현하기 힘들어 수속형 지식으로 저장되어 있다.

하지만 지식이 장기기억에 저장되기 위해서는 7개의 청크 용량의 한계가 있는 단기기억을 통과해야 하기 때문에, 지식이 언어에 준한 형식으로 그 사람의 사고 속에서 표현되어야 한다. 그것을 본서에서는 코드화라는 말로 표현하고자 한다. 그리고 상급자의 뛰어난 기억기능은 코드화의 능력이 높은 것에 크게 의존하고 있다.

상급자의 기억 시스템은 동작이 표현되고 기억되기 위한 코드를 많이 가지고 있는 한편, 그들 코드가 하나의 체계를 이루고 있다.

반대로 생각하면 숙달에는 이러한 코드화와 스키머의 구축이 반드시 동반되어야 하는 것이다.

기억력을 생각하는 데 있어 이 코드화의 능력은 큰 단서가 된다. 그것은 코드화가 매끄럽게 이루어져야 많은 양을 기억할 수 있기 때문이다.

 기량은 기능 경험의 양으로만 정해지는 것은 아니다. 경험이 선언형 지식과 수속형 지식이라는 두 가지 형태로 장기기억에 축적되지 않으면 기량은 향상되지 않는다. 상급자는 기능 경험을 수속형 지식으로서 기억하기 위한 준언어적인 코드와 그들 코드의 상호관계를 기술하기 위한 체계(스키머)를 풍부하게 가지고 있어, 경험이 효율적으로 축적될 수 있다.

 코드화가 있어야 비로소 많은 양의 기억이 가능해진다.

 코드화와 효율의 관계를 이해하기 위해서는 컴퓨터의 데이터 용량을 생각하면 잘 알 수 있다. 팩스로 받은 문서를 이미지 데이터로서 컴퓨터에 보존하면 용량이 커지지만, 텍스트 데이터로 할 경우 약간의 용량으로도 기억할 수 있다. 코드화(텍스트화)가 용량을 작게 만드는 데 도움을 주는 좋은 예이다. 상급자의 기억량이 절대적으로 많은 것은 기억을 위한 코드가 많이 있고, 많은 사상(事象)을 적은 용량으로 기억할 수 있기 때문이다.

 기억에는 의식적으로 기억하는 것과 우연히 기억하는 것이 있다. 후자를 '우발적 기억'이라고 부른다. 상급자는 이 우발적인 기억도 중급자보다 높다. 그것은 이 코드화의 과정이 자동적으로 행해지는 정도가 높기 때문에, 우연히 보거나 듣거나 촉각에 닿는 많은 부분이 코드화되어 기억에 남기 쉬운 것이다.

 상급자는 자신의 기억 중에서 그때그때 필요한 것을 낭비 없이 재빨리 떠올리는 능력도 높다. 이것도 그 코드화와 스키머의 능력 차이에 따라 크게 달라진다. 검색의 정확성과 신속성은 사상이 제대로 코드화되어 있을수록, 그리고 그들 코드의 배열이 질서정연할수록 높다.

이것은 경찰의 지문 검색과정이 발달해온 것을 생각하면 이해할 수 있다. 오랫동안 지문 조회는 사진 슬라이드에 찍힌 지문을 말 그대로 겹쳐놓고 일치하는지의 여부로 확인되었다. 그러한 방식은 엄청난 시간이 소요된다. 하지만 지문을 소용돌이 모양과 같은 몇 가지 코드에 의해 분류하는 방법이 개발됨으로써 코드를 이용한 조회가 가능해졌다. 그에 따라 지문 조회는 정확해지고 소요시간도 한층 짧아졌다. 상급자의 정보처리가 정확성과 신속성에서 뛰어난 것도 이와 흡사하다.

언어 코드와 비언어 코드

보통 안정되고 실행 가능한 행동은 코드 처리되고 있다. 하지만 모든 코드가 언어화되어 있다고는 할 수 없다. 실제로 음계 코드의 예를 보자.

대부분의 사람은 단 한 번 들은 멜로디라도 인상에 남으면 다음에 들었을 때 금방 인식할 수 있다. 좋아하는 멜로디라면 금세 입으로 흥얼거릴 수 있고, 오랫동안 기억에 남길 수 있다. 이처럼 멜로디에 대한 기억은 음계를 배우기 이전의 아이들도 가능하다.

미국이나 유럽에서는 우리나라처럼 학교에서 음계 교육을 실시하는 것은 아니므로 성인이라도 도레미 음계를 모르는 사람이 많다. 그렇더라도 멜로디의 인지나 기억은 가능하다. 뿐만 아니라 노래방 등에서 음계를 위 아래로 다소 이동해도 아무런 지장 없이 노래할 수 있다. 이것을 보면 음계를 따라 배우지 않더라도 멜로디는 코드 처리되고 있음을 알 수 있다. 음계 학습은 이미 내재화 되어 있는 비언어적 음계 코드에 언어적인 코드를 할당하고 있을 뿐이다.

이러한 예는 그 밖에도 많이 있다.

이를테면 장기나 바둑의 정보 처리도 그러하다. 상급자는 물론 '7 여섯 칸' '망루 둘러싸기(왕을 둘러싸는 장기의 행마법의 하나로 그 형상을 망루에 비유해서 이르는 말. ― 옮긴이)'와 같은 언어처리를 하고 있지만 왕초보자라도 국면이나 수순을 생각할 수 있고 어느 정도 재현할 수도 있다. 그리고 그것이 시각적 메모리 패드만 사용하는 것은 아니라는 것을 몇 가지의 관찰로도 명확히 알 수 있다. 예를 들어 상대의 말이나 바둑돌의 배치를 의미 처리할 수 있다. 따라서 언어적인 코드를 동반하지 않더라도 코드 처리되고 있는 것은 분명하다.

이처럼 우리의 활동이나 기능에는 내재적인 코드 처리가 되어 있는 것이 의외로 많다. 대부분의 경우 그와 같은 코드화는 그대로도 충분히 유용하다. 하지만 그 내재적인 코드를 사고의 수단으로 적극 인식함으로써 사고의 효율화를 꾀할 수 있고, 슬럼프 극복의 계기가 되는 경우 또한 의외로 많다.

2. 기억과 인지의 키워드 — '스키머'를 이해한다

상급자는 스키머가 뛰어나다

상급자는 해당 기능에 관한 스키머가 뛰어나다. 그 때문에 다양한 인지나 사고가 빨라지는 한편 보다 자주 행해지는 경향이 있다.

상급자의 '감'이 중급자보다 뛰어날 때가 많다고 하는 것도 심리학적으로는 스키머의 형성 정도에 의해 해석할 수 있다.

스키머라는 것은 최근 인지심리학에서 많이 쓰이고 있는 개념이다. 지각, 인지, 사고가 행해지는 틀을 스키머라고 한다. 엄밀한 정의가 있는 것이 아니라 지각, 인지, 사고가 일정한 방식에 의해 이뤄지고 있는 상태를 관찰하여 스키머가 있다거나 없다고 말하고 있다.

큰 짐을 직접 건네받을 때 우리는 그 짐의 크기로부터 무게를 추측하는 스키머를 이용해 힘을 조정해가며 받고 있다. 그러므로 보기보다 짐이 가벼우면 예상이 빗나가 손이 훌쩍 위로 들리기도 하는 것이다. 이와 같은 상태를 만드는 것이 스키머다.

하나의 기능도 많은 스키머로 이루어져 있지만, 상급자는 중급자에 비해 전반적으로 스키머가 더욱 잘 형성되어 있다.

이렇게 스키머가 잘 되어 있으면 다음과 같은 특징을 보인다.

(1) 단시간에 반응할 수 있다.
(2) 같은 자극에 대한 반응이 같고 안정되어 있다.
(3) 자극이나 자극에 대한 자기 자신의 반응을 정확하게 기억한다.
(4) 새로운 자극에 대한 반응도 스키머에 내포되어 있어, 단시간에

그것도 정확하게 자신의 것으로 만들 수 있다.

(5) 스키머 의존적인 실수가 발생한다.

스키머 의존적인 실수란 스키머가 있음으로 해서 오히려 범하기 쉬운 실수를 말한다. 비교적 드문 현상이기는 하지만, 이른바 '전문가라서 잘못하는' 실수를 말한다.

상급자는 스키머 의존적인 실수를 범한다

상급자가 아니면 범하지 않는 실수라는 것이 있다.

주판을 배우고 있는 사람은 덧셈을 할 때 머릿속에 주판을 떠올리며 계산을 한다. 그것은 주판을 인지 스키머로서 이용하고 있는 사고의 예라고 할 수 있는데, 그 사고의 과정은 주판을 배우지 않은 사람이 종이와 연필 계산의 이미지로 셈을 하는 것과는 전혀 다른 스키머다. 스키머의 형성 정도가 높으면 인지나 사고, 기억이 더 자주, 그러면서도 신속히 행해지는 경향이 있다.

테니스나 축구에서도 오른쪽으로 볼을 칠 듯 시선을 움직이며 왼쪽으로 볼을 치는 전술이 있다. 이것도 상대에게 스키머가 형성되어 있어 무의식적으로 시선에 따라 그 움직임을 코드화하여 순간 오른쪽으로 반응해 주는 단계까지 숙달되어 있지 않으면 통하지 않는다.

이런 종류의 실수를 인지심리학에서는 '스키머 의존적인 실수'라고 부른다. 이러한 실수가 발생하기 위해서는 그 실수를 부르는 자극이 코드화 되고, 그 코드에 의해 인지 스키머가 나서주어야 한다.

스키머 의존적인 실수는 상급자에게 가장 주의해야 할 것 중의 하나이지만, 초보자는 범하지 않는 실수다. 반대로 객관적인 입장에서 보면, 이것은 숙달의 정도를 재는 하나의 기준이 된다.

상급자는 코딩 능력이 높다

스키머를 유지하고 있는 큰 부분이 코딩 능력이다.

기능 중에는 보통 언어적으로 표현하기 힘든 요소가 많이 포함되어 있다. 예를 들어 라켓으로 볼을 쳤을 때의 감촉이라거나 볼에 슬라이스 스핀을 걸 때의 팔의 움직임, 몸을 비트는 방법, 그러한 것들의 타이밍 조정방법 등은 모두 언어로 표현하기 힘들어 수속형 지식으로서 저장되어 있다.

하지만 지식이 저장되기 위해서는 7개의 청크라고 하는 용량의 한계가 있는 단기기억을 통과해야 하기 때문에, 지식이 언어에 준한 형식으로 그 사람의 사고 속에서 표현되어야 한다. 그것을 본서에서는 코드화라는 말로 표현하고자 한다. 그리고 상급자의 뛰어난 기억기능은 코드화의 능력이 높은 것에 상당히 의존하고 있다. 상급자의 기억 시스템은 동작이 표현되고 기억되기 위한 코드를 많이 가지고 있는 한편, 그들 코드가 하나의 체계를 이루고 있다. 본서에서는 이 체계를 코드 시스템이라 부르기로 한다.

코드 시스템에 동작의 조정 기능과 오관의 감각을 부여하는 것이 스키머다.

휴지를 휴지통에 던져 넣을 경우, 휴지의 무게나 공기 저항의 유무, 휴지통까지의 거리 등이 코드로서 처리되어 코드 시스템에 걸린다. 그들 코드가 과거에 종이를 던졌던 경험의 기억을 상기시키고, 게다가 그것이 스키머를 통해 던지는 동작이나 던지는 강도의 판단을 낳는 구조로 되어 있다. 숙달에는 스키머의 형성이 꼭 필요하지만, 스키머에는 이와 같은 코드와 코드 시스템의 구축이 반드시 동반되어야 하는 것이다.

기억력을 생각하는 데 있어 이 코드화 능력이 큰 단서가 된다. 그것은 코드화가 매끄럽게 이루어져야 많은 양을 기억할 수 있기 때문이다.

숙달은 기능 경험의 양으로만 정해지는 것은 아니다. 경험이 선언형 지식과 수속형 지식이라는 두 가지의 형태로 장기기억에 축적되지 않으면 기능의 숙달로 이어지지 않는다. 상급자는 기능 경험을 수속형 지식으로서 기억하기 위한 준언어적인 코드와 그들 코드의 상호관계를 기술하기 위한 체계를 풍부하게 가지고 있어, 경험을 효율적으로 축적할 수 있다.

코드화가 있어야 비로소 많은 양의 기억이 가능해진다. 팩스로 받은 문서를 이미지 데이터로서 컴퓨터에 보존하면 용량이 커지지만, 텍스트 데이터로 할 경우 약간의 용량으로도 기억할 수 있다. 코드화(텍스트화)가 용량을 작게 만드는 데 도움을 주는 좋은 예이다. 상급자의 기억 사상의 절대량이 많은 것은 기억을 위한 코드가 많이 있고, 많은 사상(事象)을 작은 용량으로 기억할 수 있기 때문이다.

기억에는 의식적으로 기억하는 것과 우연히 기억하는 것이 있다. 후자를 우발적 기억이라고 부른다. 이 우발적인 기억도 상급자 쪽이 중급자보다 높다. 그것은 이 코드화의 과정이 자동적으로 행해지는 정도가 높기 때문에, 우연히 보거나 듣거나 촉각에 닿는 많은 부분이 코드화되어 기억에 남기 쉬운 것이다.

상급자는 청크(덩어리)의 용량이 크다

단기기억의 용량에는 한계가 있다. 보통 그것은 7개의 청크(덩어리)로 되어 있다. 의미 있는 덩어리 7개가 단기 기억의 한계인 것이다.

예를 들어 '5378'이라는 무작위 수열이라면 청크가 4개이다. 초등학교 1학년생이라면 '3412'도 같은 4개의 덩어리가 된다. 하지만 구구단을 배웠다면 '3412'는 1개나 2개의 덩어리로 기억할 수 있다. '삼사십이'라는 구구단과 같다는 것을 깨닫기 때문이다.

이와 같이 의미를 발견하는 능력이 높으면 1개의 청크에 들어가는 암기의 양도 훨씬 많아진다. 이것도 상급자의 기억이 좋은 이유 중의 하나이다.

바둑의 고수는 단시간에 국면(局面)을 기억할 수 있다. 그것은 의미의 단위에 따라 국면을 보고 있어, 하나의 국면이 7개의 덩어리 이하로서 인지되기 때문이다. 바둑 초보자가 국면을 기억하기 힘든 것은 바둑알이 가로 세로 19줄 종횡 361의 줄에 무작위로 배열되어 있는 도형으로만 보이고, 7개의 청크로 깨끗이 정리되지 않기 때문이다.

상급자는 분절인지의 유연성이 높다

인지심리학의 연구에 따르면, 상급자는 청킹(chunking, 분절) 과제를 주었을 때 분절의 유연성이 높다고 나와 있다.

먼저 분절과제(청킹 과제라고도 한다)에 대해서 살펴보자. 예를 들어 무용 비디오를 보여준다고 하자. "의미 있는 단위로 단락이 나뉜다고 생각되는 곳에서 버튼을 눌러달라"고 미리 알려서, 버튼을 누르며 무용을 보게 한다. 이렇게 버튼을 눌러 단락을 짓는 것이 분절이다.

그때 "의미 있는 단위가 가능하면 작아지도록 버튼을 눌러달라"고 했을 경우, 상급자가 중급자보다 더 작게 분절하는 것을 알 수 있다.

그러나 반대로 "의미 있는 단위가 가능하면 커지도록 버튼을 눌러달라"고 했을 경우에도 상급자가 중급자보다 더 크게 분절하고 있다.

즉, '작게 분절'할 때는 더 작게, 그리고 크게 분절할 때에는 더 크게 분절하는 것이 상급자의 특징이다. 이것을 "상급자 쪽이 분절의 유연성이 높다"라고 하는 것이다.

이것이 어떤 의미를 갖는지 잠시 생각해보자.

만일 문장력이 있는 사람과 없는 사람에게 몇 페이지의 문장을 분절시킨다고 하자. 이때 작게 분절하라는 과제는 문장을 절(節)마다 끊는 것이라고 할 수 있다. 일반적으로 어디에서 어디까지가 하나의 절인가 하는 것은 상급자가 더 정확히 이해하고 있다.

상급자는 전체를 기승전결과 같은 스토리 또는 흐름에 따라 인지하는 능력이 상대적으로 높아, 분절하는 '단락'에 대한 판단력이 높다.

제3장 고수는 어디가 다른가

1. 지속력 · 집중력이 높다

상급자는 지루함을 덜 느낀다

상급자의 기억구조를 이해했다면, 다음은 구체적으로 상급자가 어떤 능력을 가지고 있는지 살펴보기로 하자.

자신이 좋아하는 일도 오래 하다 보면 지루해지는 법이다. 상급자는 같은 연습을 해도 중급자보다 지루함을 느끼지 않아 오래 지속할 수 있다.

이에 대해 장기의 달인인 요네나가 쿠니오(米長邦雄) 9단의 함축적인 말을 요약해서 소개해본다.

요네나가 9단은 자신의 집에서 풋내기 젊은 기사들을 모아 장기교실을 열었던 적이 있었다. 모두 둘러앉아 누군가의 대국을 중앙의 장기판에 재현하면서 이 수는 어떻고 이 구상은 어떤지, 어느 쪽이 이기고 지고 있는지를 몇 시간에 걸쳐 살펴보았다. 그러다보면 차츰 앉은 자세가 흐트러지고 등도 구부러지고 하품을 눌러 참는 부류와 끝까지 등을 곧 추세우고 장기판에 넋을 잃은 듯 빠져 있는 부류로 나뉘게 된다. 그리고 결국 실력이 느는 것은 한결같이 곧은 자세로 보고 있던 쪽이다. 같은 국면을 보더라도 뛰어난 자와 처지는 자는 그로부터 읽어내는 내용이 다르다. 뛰어난 자는 그 국면에서 많은 것을 읽어내고 있으니 지루할 일이 없다. 그러므로 끝까지 같은 자세로 지켜볼 수 있다.

일반적으로 상급자가 중급자보다 많은 코드를 가지고 많은 사상을 코드화하여 인지하고 있다. 그 때문에 상급자 쪽이 많은 정보를 끌어내고 있으므로, 심리적 포화가 쉽게 일어나지 않아 지루함을 느끼지 않는 것이다.

상급자는 피로를 덜 느낀다

지루함과 함께 심리적 육체적 포화 상태가 피로다.

일반적으로 상급자가 중급자보다 피로를 느끼지 않는다.

기능에 따라서는 특정 운동능력이나 특정한 근력이 필요할 수 있다. 그와 같은 특정 운동기능은 상급자 쪽이 골고루 단련되어 있어 피로하기까지의 수용능력이 큰 것은 당연하다.

또한, 이미 여러 번 말했듯이 상급자는 코드화의 정도가 높고 자동화된 기능이 많다. 그 때문에 하나하나의 기능을 실시하는 데 필요한 주의력이 크지 않아도 된다. 또, 하나하나의 동작에 숙달된 정도가 높으므로 불필요한 움직임도 적다. 이것도 상급자가 피로를 덜 느끼는 이유 중 하나이다.

게다가 해당 기능을 '좋아한다'고 느끼는 정도(그렇게 단순하지는 않다)가 상급자의 경우에 보다 높다. 좋아하는 것을 하고 있을 때에는 피로감도 그만큼 낮다.

의욕이 높으며 나름의 가치관을 지니고 있다

자아관여(의욕, 동기)란 그 과제에 진심으로 몰두하는 정도를 말한다. 일반적으로 상급자는 의욕이 높다.

앞서 말했듯이 워킹 메모리로부터 장기기억을 형성하는 데에는 의욕이 크게 작용한다는 것이 연구에 의해 밝혀지고 있다. 의욕이 높아야 장기기억의 형성이 촉진되는 것이다. 그러한 의미에서 상급에 이른 사람들은 의욕이 높았던 사람들이었다고 생각할 수 있다.

상급까지의 숙달이 가능하기 위해서는 보통의 생활을 하면서도 일정한 시간과 에너지를 끊임없이 숙련을 위해 할애해야 한다. 그와 같은 생활을 계속하다 보면 자연스럽게 그 숙달이 자신의 인생이나 삶의 자세와 어떻게 관련되어 있는지 나름대로의 가치관을 형성하게 된다.

2. 특이한 재능이 빛난다

상급자는 '~하면서'가 가능하다

여기에는 몇 가지 이유가 있다.

우선 첫째로, 상급자는 어느 정도 숙달된 상태이므로 기능의 자동화가 진행되어 있다. 따라서 사고에 상관없이 실시할 수 있는 기능의 종류가 많고, 또 자동화가 진행되어 있는 기능의 사이즈 자체가 크다. 타이핑에 초보인 사람은 '그'를 치는 정도만이 자동화되어 있을지도 모른다. 다만 같은 세 문자, 네 문자의 단어라도 상급자 쪽이 자동화해서 칠 수 있는 종류가 많다. 그와 동시에 '젊은이들'과 같은 단어도 상급자에게는 자동화되어 있다. 이렇게 자동화된 기능의 범위와 기능의 사이즈(여기서는 철자법의 길이)가 크기 때문에, 상급자는 사고에 부담을 주지 않으면서 실시할 수 있는 범위가 넓은 것이다.

게다가 코드화의 높이가 '~하면서'를 가능하도록 공헌하는 부분이 있다.

기능을 이용해 뭔가를 하고 있을 때는 눈앞의 장면에 대한 인식과 적응, 그리고 장기기억에 저장되어 있는 지식의 출력이 모두 워킹 메모리를 통해 이루어진다. '~하면서'가 가능하기 위해서는 거기에 '~하면서'를 위한 여유가 워킹 메모리에 있어야만 한다.

상급자의 장기기억은 이미 설명한 것처럼 효율적으로 코드화 되어 있기 때문에, 1개의 청크에 들어 있는 의미의 양이 많다. 따라서 같은 양의 지식을 워킹 메모리에서 꺼내더라도, 상급자 쪽은 그것이 차지하는 워킹 메모리의 용량이 적어도 된다. 그 덕분에 워킹 메모리의 여유가 커지는 것이다.

다음에 눈앞의 상황을 판단하고 그에 대한 대응을 생각하는 데에도 워킹 메모리를 사용하지만, 상급자는 코드화 능력이 진행되어 있으므로 눈앞의 상황을 효율적으로 코드화 하는 한편, 대응을 생각할 때 사용하는 사고의 코드도 효율적으로 되어 있다. 그 때문에 여기에 점유되는 워킹 메모리의 용량이 중급자보다 적어도 된다. 그 덕분에 상급자 쪽이 워킹 메모리의 용량에 여유가 있어, 워킹 메모리를 '~하면서' 충당하기 쉬운 것이다.

상급자는 조 옮기는 작업이 가능하다

악기 연주, 특히 팝과 같은 연주는 그 자리에서 사장조를 가장조로 옮겨 연주하는 것이 보통이다. 악기에 따라 조를 옮기기 어려운 것과 쉬운 것이 있지만, 대부분 멜로디를 그대로 다른 조로 옮겨 연주하는 것이다.

영어에서 접속사가 들어가는 문장을 분사구문으로 바꿔놓는 것 또한 넓게는 조를 옮기는 일로 생각할 수 있다.

바둑의 경우 어떤 국면에서는 먹히지 않았던 수를 주변 국면이 다소 바뀌면 먹히지 않을까 생각하는 것도 이와 같은 조 옮김이다.

조 옮김은 뛰어난 언어적 활동이다. 그것이 행해지기 위해서는 조를 옮기기 전후의 상태가 코드에 의해 파악되어 있지 않으면 안 된다. 코드화가 되어 있어야 비로소 '조 옮김'이라는 개념 조작이 가능한 것이다.

복원 가정작업을 할 수 있다

텔레비전 방송에는 바둑 프로그램이 있는데, 해설자는 참고도(參考圖)로 '감상평'을 한다. 그때 이런 수를 두었다면 어떻게 됐을까 하는 식으로 이야기를 나누며, 겉으로 드러나지 않았던 '수읽기'를 서로 검토한다. 그것을 보고 있으면 "저기서 이쪽의 수를 선택했다면 어땠을까요?"라고 한 사람이 물으면 순식간에 그 때의 국면으로 돌아가, "안됩니다. 그렇게 하면 이번에는 이쪽에 수가 생깁니다"라는 대화가 바로바로 오간다. 복원 가정(復元假定) 작업이 쉴 새 없이 이루어지는 것이다.

상급자와 중급자의 기억능력에 구조적인 차이가 있다는 것은 여러 차례 설명했다. 하지만 상급자의 복원 가정작업이 뛰어난 것은 그것만이 이유는 아니다. 상급자는 일이 한창 진행되고 있는 중에도 "만일 여기가 이렇게 된다면 진행은 이렇게 바뀐다"는 식으로 몇 가지의 변화를 생각하면서 일을 한다. 따라서 나중에 '만일'이라는 가정을 둔 경우에도, 사고가 그 당시로 쉽게 돌아가는 것이다.

기능의 요령을 말(은유)로 표현할 수 있다

기능은 수속형 지식으로 본래 말로는 표현할 수 없다. 하지만 상급자는 말로 표현할 수 없는 이 중요한 깨달음을 은유에 의해 상대에게 강력히 전달할 수 있다.

훗날 명인이라는 칭호의 효시가 된 닛카이(日海)와 또 한 명의 고수인 리겐(利玄)의 대국을 기록은 이렇게 전한다. "폭풍이 이는 바다와도 같았다. 천둥이 하늘을 흔들고 파도가 솟구쳤다." 그야말로 강렬한 은유가 아닐 수 없다.

이것은 기능을 표현하는 코드가 개인 속에 안정되어 있을 뿐 아니라 상호간에 공유되고 있어, 코드 자체는 말로 전해지지 않지만 그 모양이나 태도 같은 것이 구체적인 말로 전달되어 의사소통이 이루어지는 것이다.

'암산'을 할 수 있다

어떤 기능이라도 넓은 의미의 암산에 상당하는 연산(演算)이 있다. 상급자일수록 그런 종류의 암산이 빠르고 정확하다.

바둑은 중반에서 종반으로 접어들면 집을 세어 어느 쪽이 몇 집을 리드하고 있다는 계산이 나온다. 상급자는 그 셈이 정확하다.

장기도 상급자는 하나하나 말을 세지 않더라도, 어느 쪽이 졸 하나를 얻고 있다는 계산이 나온다. 장기에서는 '수득(手得, 수의 효율적인 이득)'이라고 하여, 예를 들면 두 수 움직인 말과 세 수 움직인 말을 교환하면 두 수밖에 움직이지 않은 쪽이 '한 수 이득을 봤다'는 계산도 하는데, 상급자는 이와 같은 손익 판단도 빠르고 정확하다.

이것은 단순히 상급자가 암산 경험을 많이 쌓았기 때문만은 아니다. 이와 같은 암산에 대해서도 코드와 스키머가 명확히 형성되어 있어, 어떤 사상끼리면 대충 등가(等價)인지, 어떤 사상과 어떤 사상이면 어느 쪽이 다소 강할 거라는 판단이 코드에 의해 사고(연산)할 수 있도록 되어 있기 때문이다. 다시 말해서 암산을 할 수 있다는 것은 코드화의 능력과 스키머가 잘 형성되어 있는 현상의 하나이다.

전체적인 계산이나 급소 파악이 정확하다

바둑에서는 중반에 접어들면 양쪽의 땅 넓이(득점)를 어느 정도 정확히 헤아릴 수 있지만, 상급자는 아직 그 형세를 판단하기 애매한 초반부터 자신이 세 집 정도 리드하고 있다는 것을 감지하고 있다. 더구나 같은 상황에 대한 판단이 상급자끼리는 어느 정도 일치한다. 또 상급자는 자신의 바둑이 승부 지점을 맞았을 때에는 자연스럽게 기합이 들어가 자세를 고쳐 앉기도 한다.

야구나 축구나 아메리칸풋볼 게임에는 '흐름'과 '전략'이 있어, 표면적으로는 득점과 연관되지 않는 것이라도 양쪽이 서로 양보하지 않는 '승부처' 같은 곳이 있다. 어릴 때부터 구기운동을 많이 한 사람은 이러한 승부처를 통찰하는 힘이 일반 관전자보다 정확하다. 따라서 아직 득점에 차이가 나지 않은 때라도 형세 판단이 가능하여, 응원하고 있는 팀이 승부처를 놓치면 "이제 틀렸다"고 하면서 실망을 하거나 텔레비전을 꺼버리기도 한다.

이처럼 전체적인 계산이나 급소 파악을 정확히 하는 것이 상급자와 중급자의 큰 차이다. 상급자로 보자면 중급자는 고민하지 않아도 좋을 곳에서 고민을 하고, 고민해야 할 곳에서 방심하고 있을 때가 많다.

이질적인 차원의 환산식을 가지고 있다

텔레비전의 바둑이나 장기 대국에 이은 감상평을 하다가 해설자가 "하지만 우변(右邊)을 강조하는 거라면 이런 착수(着手)도 같은 의미가 있겠지요?"라면서 본 대국과는 전혀 달라 보이는 착수를 해보이면,

대국자는 "아, 그렇군요"라고 응답을 하기도 한다. 이것도 두 가지의 이질적인 착수가 어떤 기준을 가진 가치로 환산되어 거의 동등한 가치가 된다는 인식이 형성되어 있음을 말해준다.

이와 같이 언뜻 보기에 환산하기 어려운 것끼리 환산하는 형태로 인식하는 것이 상급자의 특징이다.

직접 도움이 되지 않는 지식을 지니고 있다

장기나 바둑의 정석(定石)에는, 지금은 쓰이지 않게 된 이른바 고전 정석이라 불리는 것이 있다. 상급에서도 최상급에 이른 사람은 그러한 사실도 어느 정도 알고 있다. 뿐만 아니라 인도에서 396개의 말로 처음 시작된 게임이 어떻게 서양으로 전해져 체스가 되고, 동양으로 전해져 중국장기와 한국장기, 대장기, 중장기, 소장기, 일본장기를 낳게 되었는지도 어느 정도는 알고 있다.

이처럼 직접 도움이 안 되는 것까지 상급자가 알고 있는 데에는 몇 가지 이유가 있지만, 가장 큰 요인은 그 기능에 대한 의욕이 크기 때문이다. 의욕이 커지면 애착이 강해지므로 자연히 지식을 찾을 수밖에 없다. 그러한 마음상태에 놓이면 텔레비전 프로그램에서 언뜻 들은 이야기나 잠시 눈으로 본 지식이 깊은 문제의식을 낳아 기억에 남게 된다. 그 때문에 이와 같은 지식이 자연스럽게 깊어지는 것이다.

무관해 보이는 일로부터 힌트를 얻는다

미야모토 무사시의 『오륜서(五輪書)』를 읽고 장기에 눈을 떴다는 사람도 있고, 『춘추』를 읽고 나서 바둑의 전략에 눈이 떠졌다는 사람의 일화도 있다. 야구선수가 마라톤 이야기를 듣고 도움이 되었다는 예도 있고, 어떤 절의 모습을 보고 꽃꽂이의 경지가 열렸다는 사람도 있다.

 이처럼 상급자에게는 언뜻 무관해 보이는 일로부터 힌트를 얻는 체험이 때때로 일어난다.

 냉정하게 생각해보면, 아무 관계도 없는 일이 그렇게 큰 힌트가 되는 것은 아닐 것이다. 오히려 그 사람에게 문제를 깊이 파고드는 자세가 있어, 거의 어떤 일이든 힌트가 될 정도의 긴장이 마음속 깊이 깔려 있었던 거라고 생각한다. 그럴 때 우연히 눈에 들어온 것이, 그 내적인 긴장을 자극하여 폭발시킬 듯한 강한 느낌의 영감을 주는 것이다.

3. 이미지나 관심이 분명하다

상급자는 세부적인 사항에 관심이 많다

 중급자가 상급자의 기능을 보거나 여러 가지 생각에 접하다 보면, 그들이 세세한 것에까지도 많은 관심을 기울이고 있는 데 놀랄 때가 있다. 극단적으로 말하면 중급자가 마음에 담아두지 않는 일까지 상급자는 세심한 주의를 기울이고 있거나 관심을 보이는 것이다.

 폭포가 있는 풍경을 촬영할 때 상급자라면 노출을 일정하게 한 경우 셔터 속도를 30분의 1초로 할지 125분의 1초로 할지 매우 고민한다. 상급자가 셔터 속도에 주의를 기울이는 것은 그에 따라 흐르는 물이 정지되어 찍히는 정도가 달라지고, 물보라가 선처럼 아니면 점처럼 찍힐 수 있기 때문이지만, 중급자는 그것에 거의 주의를 기울이지 않는다. 어쩌면 셔터 속도를 고려해야 한다는 것을 깨닫지 못할 수도 있다.

상급자가 세부에 치중하는 정도가 높은 것은 다음과 같은 차이가 있기 때문이다.

(1) 상급자 쪽이 코드를 많이 가지고 있으므로, 세부에 관해서도 코드가 있어 세부가 인식의 대상이 되기 쉽다.

(2) 상급자 쪽이 세부에 대해서도 많은 흐름을 알고 있다.

(3) 세부에 주의를 기울임으로써 결과에 큰 차이가 생기는 것을 자주 경험하고 그것에 재미도 느끼고 있다.

(4) 큰 부분을 인지 처리해도 워킹 메모리에 여유가 있어 세부 인지에 워킹 메모리를 적용할 여지가 크다.

나름대로의 '미관'을 지니고 있다

바둑에서 패한 친구가 대국 뒤 반성하는 자리에서 "분하더라도 여기서 이렇게 두고 참았더라면 그래도 버틸 수 있었을 텐데"라고 지적을 해주면, "됐네. 그런 수는 죽어도 두고 싶지 않아. 그런 수를 둘 바에야 차라리 여기서 졌다고 손들어 버리지"라고 말할 때가 간혹 있다. 이처럼 객관적으로는 좋을지라도 자신이 좋아하는 미관(美觀)을 드러내는 것이 상급자의 특징 중 하나이다.

이처럼 기능에 대해 잘하고 못하고의 인지와는 별도로 좋고 싫음에 대한 인지, 자기 나름의 미관에 대한 인지가 있는 것이 상급자의 수준이다(최상급자의 경우에는 한 번 더 자신의 그 미관을 극복하는 과정이 있는 것 같다).

이것은 기능의 다양한 측면이 코드화 되고 시스템화 되어, 그 시스템이 성숙해 가는 과정에서 주로 기억검색의 하나로서 좋고 싫음, 미추(美醜)의 판단과 같은 '정감'이 부여되기 때문이라고 생각한다. 여러 가지 기억대상에 정감이 부여되면 이번에는 그 정감을 이용한 기억검색과 그 정감이 정말로 어울리는지에 대한 재검토가 반복되어, 전체적으로 개인 속에서는 일관성이 높아져 간다. 그 결과 미관이라는 것을 어느 정도 뚜렷한 반응으로서 추출할 수 있게 되는 것 같다.

이미지가 발생한다

새도복싱은 상대의 동작을 이미지하면서 자신이 움직이고, 자신의 움직임에 대한 상대의 대응을 다시 이미지하기를 반복한다. 이미지가 매우 빨라서, 말하자면 생각할 틈도 없이 바로 솟아나와야 비로소 가능한 것이다. 이러한 이미지가 계속 솟아나오는 것이 상급자와 중급자의 차이다.

장기나 바둑에서 상급자는 대부분 어린 시절 선수(先手)와 후수(後手) 양쪽을 혼자서 두어봤던 사람들이다. "흑이 이렇게 두면 백은 이렇게 끊고, 전쟁 돌입!"이라는 느낌으로 질리지도 않고 양쪽을 도맡아 일인이역으로 '대국'을 펼친다. 주변 어른들의 곱지 않은 눈길을 받기도 하지만, 본인에게는 마음속에 넘치듯이 이미지가 솟아나오는 것이다.

이처럼 이미지가 자연 발생하기 시작하는 현상이 어떻게 일어나는가에 대해서 심리학이 충분한 대답을 내놓고 있는 것은 아니다. 필자가 보건대 코드가 어느 분량만큼 형성되고, 코드와 코드의 관계를 기술하는 시스템이 성숙한 결과, 그 사람 나름의 전형적인 이미지 몇 종류가 그들 코드와 코드 시스템에 의해 기술되어, 그 전형적인 이미지의 타당성을 검증하기 위해 이미지의 내적 발신, 내적 수신이 반복되는 것이다.

이와 같은 현상이 일어나게 되면 1개의 청크에 들어가는 정보량도, 기능에 관한 워킹 메모리의 용량도 커져 기능에 대한 사고가 효율적이 된다. 그것이 상급자의 자질의 요점인 것은 지금까지 거듭 설명한 바와 같다.

감이 작용한다

구기운동을 할 때 어떤 경우에 '상대가 평소와는 반대로 왼쪽에서 드리블로 빠져나가려는 것은 아닐까' 하는 생각이 문득 머리를 스칠 때가 있다. 그래서 왼쪽에 신경을 쓰면서도 아닌 척 하고 기다리다 보면 정말로 그렇게 되는 것이다.

감이라는 것의 정의는 여러 가지가 있지만, 근거를 충분히 자각할 수 없는 예측 능력이라는 것으로 받아들이기로 한다.

예측은 보통 뭔가 확실한 단서나 근거를 바탕으로 이루어진다. 예측을 하고 있는 사람은 그 예측의 이유를 누군가가 물어올 때 "이런저런 이유를 바탕으로"라고 대답할 수 있다. 그러나 감은 그것과는 다르다. 아무래도 이렇게 전개되지 않을까 하고 주관적으로는 강한 확신을 가지고 생각하다가 그것이 실제로 맞는 경우라도, 그 이유를 물어오면 '왠지 모르게'라고밖에 대답할 수 없는 것이 '감'이다. 장기 등에서 이런 식의 감에 바탕을 둔 수를 "하늘에서 내린 묘수(妙手)"라 부르기도 한다.

하지만 감의 대부분은 하늘에서 내린 것이 아니다. 자신의 기억의 중추 깊은 곳에서 나오는 것이다.

그것은 코드화 하고 시스템화 된 지식의 더 깊은 곳에, 제대로 코드화 되어 있지는 않지만 보통과는 다른 차원의 인덱스에 의해 검색 가능한 기억이 있어, 그것이 제대로 검색되어 순식간에 추론으로 이용되었을 때 태어나는 것이다.

그것이 무엇인지는 현재의 심리학이 다루는 가장 중요한 테마의 하나일 것이다. 필자 생각에는 그것이 어떤 정감과 관련된 인덱스에 의해 검색 구축되어 있지만, 본인으로서도 아직 자각하지 못한 코드 시스템에 의해 작은 청크 속에 방대한 기억정보가 단 한 순간 압축되어 일어나는 것 같다. 그때 기억이 장기기억으로부터 워킹 메모리로 출력되는 보통의 루트가 아니라, 장기기억에서 아이코닉 메모리로 출력되고 있을 가능성이 있다고 생각한다.

상급자는 감상의 급소를 놓치지 않는다

다른 사람의 작품이나 연주나 경기를 볼 때, 상급자는 감상의 급소를 터득하고 있다. 기능에 대해 코드와 코드 시스템이 정비되어 있으므로 급소를 정확히 인지할 수 있는 것은 당연하다.

아울러 상급자는 감상하고 있는 상대의 그때그때의 마음의 움직임에 감정이입을 할 수 있다. "여기서 좀 머뭇거렸다" "여기서 모험을 했다"는 것을 감정의 움직임으로서 느낄 수가 있다.

이 두 가지 때문에 감상하면서 숨겨진 급소를 정확히 꿰뚫어볼 수 있는 것이다.

패배나 실패를 싫어하고 매우 분해한다

사람에게는 성공했을 때 기뻐하는 마음과 실패했을 때 분해하는 마음 두 가지가 있다. 초보자, 중급자는 뜻대로 잘 되어 나갈 때 기뻐하는 마음이 강하고, 그것이 성장의 원동력이 된다. 하지만 상급자는 실패했을 때의 분해하는 마음이 뜻대로 되었을 때의 기쁨보다 훨씬 강하다.

훗날 장기의 명인에 오른 타니가와 코우지(谷川浩司)는 어린시절에 항상 자신보다 다소 강한 형이 라이벌이었다. 그 시절의 장기의 말에는 타니가와 소년의 이빨자국이 나 있다고 한다. 자신의 형세가 불리할 때 말을 물면서 분함을 참았다는 것이다.

또 하나의 특징은 상급자가 패배나 실패를 매우 분해하고 있어도, 그것을 겉으로 드러내지 않고 오히려 욕심이 없는 것처럼 가장할 때가 많다. 그들은 자신이 분해하고 있음을 자주 자각하고 있어, 그것을 표출하는 데 오히려 주저함을 느끼는 것이다. 하지만 그래도 잘 보면 많이 분해하고 있다는 것을 엿볼 수 있다.

4. 타인을 보는 눈이 다르다

타인의 기능을 보면서 즐긴다

"테니스를 직접 하는 것은 좋아하지만 텔레비전에서 시합을 보는 것은 재미없다"라고 말하는 사람들이 제법 많지만, 상급자 중에는 그런 사람이 적다.

상급자가 되면 자신의 기능에 대한 여러 가지 인식이 있는 한편, 그들 인식이 코드화 되어 있다. 그리고 다른 사람의 기능을 보았을 때 그들의 기능도 코드화 하여 인지하고, 자신의 기능과 비교하거나 자신의 일상적인 의문에 대한 대답이나 대답의 힌트를 다른 사람의 기능을 보면서 발견하기도 한다. 다시 말해서 보고 있는 타인의 기술을 코드화 하여 읽어내고 있는 의미의 폭이 넓어, 도움이 되는 정도도 크다. 그러므로 상급자 쪽이 타인의 기능을 보면서 즐길 수 있는 것이다.

세밀한 단서로 타인을 평가할 수 있다

축구를 볼 때 축구를 그다지 많이 하지 않는 사람은 누가 어시스트를 하고 누가 슛을 했다는 정도밖에 눈에 들어오지 않는다. 상급자라면 같은 시합을 보고 있어도 어시스트 하는 사람의 멋진 드리블이나 골문 앞의 공간 상태, 골을 향해 볼을 차 넣을 사람에게 패스를 보내는 타이밍이나 그 패스 때의 속임수 플레이 등 훨씬 많은 세밀한 기술이 보인다.

서예의 상급자는 서예 작품을 보고 그 작가가 한 순간 주눅이 들었던 필치나 아주 잠시 주춤거렸던 필치를 완성된 작품의 미세한 먹의 상태로 꿰뚫어볼 수 있다.

이처럼 상급자가 되면 될수록 사소한 특징에서 많은 것을 읽어내고, 그것으로써 기량을 평가할 수 있다.

코드화가 충분치 않은 것은 인식의 불충분함이 뒤따른다. 중급자는 세밀한 기능에 대해 코드(언어가 아니라도 좋다)가 충분히 형성되어 있지 않으므로, 세밀한 기능이 인지의 그물에 걸리기 힘든 것이다.

타인에 대한 평가가 빠르고 명료하다

타인의 기능을 보고 있을 때 상급자는 중급자보다 더 많은 사항을 인식하고 있음에도 불구하고, 평가를 하는 데 걸리는 시간은 짧다. 그것은 많은 사항을 인식하고 있어도, 그 대부분의 종합평가에 대한 판단도 안정적으로 형성되어 있어 전체적인 평가를 빨리 할 수 있는 것이다.

또, 상급자의 경우 판단에 쓰이는 재료와 평가의 관계가 더욱 명료하다. 예를 들어 같은 경기를 보고 5점 만점으로 점수를 매길 때, 중급자가 2나 4로 채점하는 것을 상급자는 1이나 5와 같이 좀더 극단적으로 명료하게 채점을 하는 차이가 있다.

이것은 하나하나에 대해 많이 생각하면 평가가 점점 극단적이 되는 심리학적인 원칙이 있기 때문이다. 심리학에서는 이것을 '사고에 의한 극단화'라고 부른다. 이 '사고에 의한 극단화'는 인지 스키머의 형성도가 높을수록 강하게 일어나는 것으로도 알려져 있다. 상급자는 중급자보다 인지 스키머의 형성도가 높다. 따라서 같은 경기나 같은 연주, 같은 작품을 보더라도 상급자의 판단이 중급자보다 분명해지는 한편, 단시간에 이루어지는 경향이 있다.

타인에 대한 평가가 안정되어 있다

어떤 사람의 시합을 보고 상당히 좋아하다가도, 다른 때 같은 사람의 시합을 보고는 도무지 마뜩찮아 할 때가 있다. 이처럼 같은 사람에 대한 판단이 변하는 경향은 누구에게나 있지만, 보통 상급자일수록 타인에 대한 평가가 안정되어 있다.

그것은 상급자 쪽이 타인의 시합에 주의를 기울이는 부분이 안정되어 있어 그것들이 확실히 코드화 되고, 또 코드화 된 사항의 전체 판단에 대한 비중이 시스템으로서 온전히 형성되어 있기 때문이다.

시합 중에는 안정적으로 자리잡은 기능과 우연히 형성된 기능이 뒤섞여서 나타난다. 중급자의 판단이 불안정해지기 쉬운 것은 때마침 운좋게 펼쳐진 기능을 높이 평가하고 있다가, 같은 장면에서 같은 사람이 다음번에는 제대로 펼치지 못한 데 따르는 수가 많다. 상급자는 시합을 보고 있어도 골고루 훈련이 이루어짐으로써 형성된 시합과 때마침 운좋게 펼쳐진 시합도 구별해서 인식한다. 그리고 평가를 내릴 때에는 단지 운좋게 펼쳐진 시합은 제외시키고 생각한다. 이와 같은 구별도 상급자 쪽이 안정되게 형성되어 있어 상급자의 평가는 편차가 적다.

타인에 대한 평가를 쉽게 드러내지 않는다

이상 몇 가지 항목에 걸쳐 살펴보았듯이, 상급자는 타인에 대한 평가가 빠르고 더구나 명료한 것이 보통이다. 그럼에도 불구하고 그 평가를 쉽게 말하거나 겉으로 드러내지 않는 것 또한 상급자의 특징이다.

장기나 바둑에서 동료의 대국을 보며 "이제 흑이 이겼구나" "아, 방금 놓쳤어"라고 쉽게 말하는 사람이 상급자일 수는 없다. 뿐만 아니라 상급자가 되면 동료의 대국을 볼 때도, 자신의 시선이 어느 한 쪽의 대국자에게 힌트가 되어서는 안 된다는 배려에서, 아주 짧게 판세를 지켜보고 말이나 돌의 위치를 머릿속에 넣은 뒤 그로부터 시선을 떼고 생각한다.

상급자가 자신의 평가를 쉽게 드러내지 않는 데에는 여러 가지 이유가 있다.

그 중에 숙달하는 데 참고가 될 만한 몇 가지 예를 들어보기로 하자.

우선 자신의 평가를 겉으로 드러내고 싶은 동기를 생각해보면, 그 속에는 자신의 역량이 어느 정도인지를 과시하고 싶은 마음이 있다. 하지만 그것은 중급자들 사이에서나 있는 일이다. 상급자들끼리 모이면 다른 사람의 역량을 여러 가지 단서로 읽을 수 있기 때문에, 가만히 있어도 자신의 역량이 동료들에게 읽힌다는 것을 알 수 있다. 그 수준까지 오면 다른 사람의 평가를 입에 올림으로써 자신의 기량을 드러내고 싶어 하는 욕망은 줄어들게 된다.

다음에 상급자는 그 과정에 오기까지 일을 평가할 때의 인지 스키머가 자신 속에서 몇 차례 혁명적으로 변용된 것을 직접 경험하고 있다. 따라서 지금 자신이 보고 있는 타인에 대한 평가는 현재 자신의 마음에 비쳐지는 평가이고, 그것이 앞으로 좀더 발전한다면 그 평가 스키머 자체가 변할 가능성이 있음을 마음 한 구석으로 알고 있다. 동시에 자신이 그러한 평가를 드러냈을 때 자신보다 더 높은 경지에 오른 타인의 눈에 자신의 인식 시스템의 성숙도가 드러나는 것도 알고 있어, 그것 역시 유보(留保)의 원인이 된다.

많은 경우 상급자가 될 무렵에는 그 기능에 대해 담백하면서도 지속적인 애착을 갖고 있다. 그것은 담백하면서도 인격의 일부를 형성하고 있는 듯한 애착이다. 그러한 사람은 자신과 같이 노력하고 있는 타인에 대해서도 나름대로 호의적인 감정을 느끼는 경우가 있다. 그 때문에 특히 부정적인 평가를 드러내는 데 주저함을 느끼는 일이 많아지는 것이다.

간접적인 단서에 의한 기능 판단이 안정되어 있다

기능 자체에 의한 판단 외에 간접적인 행위로 타인의 기능을 판단하는 것이 상급자로서는 가능할 때가 많다. 예를 들면 기타 케이스에서 기타를 꺼내는 행위만 보고도 '아, 꽤 실력이 있겠구나' 하고 상상을 하는 수가 있다. 장기의 경우 상자에서 말을 꺼내는 동작을 보고, '유단자로구나' 하고 짐작할 수도 있다. 극단적인 경우에는 장기판 앞에 앉는 것만 보고도 '자세가 되어 있구나. 초단이라니 말짱 거짓말이군' 이라고 알아볼 수가 있다.

상급자는 이러한 주변의 행위가 잘 조화되어 있지만, 숙달하는 과정에서 직접 관련이 없는 행위라도 자신 속에서 변하는 부분이 있음을 깨닫고 있다. 그 때문에 같은 과정을 거친 행위가 타인에게 있으면 검출할 수 있게 되는 것이다. 또, 상급자는 해당 기능에 대해 조금씩 애착을 깊이하며 숙달해가고 있다. 그와 같은 애착이 어떤 행위로 나올지, 같은 과정을 거친 자로서는 유사한 경험이 있어 알고 있다. 그러므로 예를 들어 기타 케이스를 여는 행위 등에서, 기타를 만지는 행위 자체에 대한 일반화된 애착의 조짐을 읽어낼 수 있는 것이다.

타인의 관찰 태도를 보고 그 사람의 기량을 추측할 수 있다

다른 사람의 바둑이나 장기의 대국을 보고 있는 사람들의 경우도 물론 대개는 말없이 온화한 눈길로 보고 있지만, 판세가 절박해짐에 따라 말 없는 가운데서도 어느 정도 엄숙함이 관전 태도에 묻어나온다.

야구나 농구를 잘하는 사람과 함께 텔레비전 경기를 보고 있으면 '여기가 승패의 갈림길이다' 싶은 곳에서 갑자기 말수가 적어지거나 가만히 응시하고 있는 느낌이 전해져 오는 수가 있다.

결국 그것은 인지 코드가 발달해 있기 때문으로, 하나하나의 상황의 의미를 깊이 이해하는 데서 오는 태도 변화인 것이다.

다른 사람의 경기를 볼 때 그 시합의 의미를 깊이 이해할 수 있는 사람은 자연히 그 표시가 겉으로 드러난다. 그리고 그것이 또 제3자인 상급자의 눈에 보인다는 것이 상급자끼리의 하나의 특징이다.

타인의 개성에 민감하고 모방도 할 수 있다

상급자는 다른 사람의 개성을 자신의 코드에 의해 준언어적으로 이해한다. 그러므로 다른 사람의 개성 파악이 정확하고, 모방도 능숙한 경우가 많다.

예를 들어 피아노로 「엘리제를 위하여」를 연주한다고 하자. 그럴 때에도 누구 식으로 연주하면 이런 방법, 누구 식으로 연주하면 저런 방법으로 구분해서 연주할 수 있다.

상급자가 중급자의 나쁜 버릇을 고쳐주려고 할 때, 중급자의 버릇을 흉내 내 보여주는 일이 있다. 그럼으로써 고쳐주려는 요점이 중급자에게 충분히 전달되어 쉽게 교정할 수가 있다. 이러한 선생은 그야말로 고마운 사람이지만, 그것이 가능한 것도 다른 사람의 개성을 기술하는 코드가 그 사람 속에 있기 때문이다.

이렇게 모방이 가능한 것은 기능을 수속형 지식으로서 기술하기 위한 코드가 상대적으로 완성도가 높아, 그 코드의 시스템 속에서 개성을 준언어적으로 기술할 수 있기 때문이다.

5. 자신을 정확히 인식할 수 있다

상급자는 버릇이 적다

기능학습에서 버릇과 개성이 어떻게 다른지에 대해서는 나중에 자세히 살펴볼 기회가 있을 것이다. 여기서는 마이너스 요인이 되는 개인차를 일컬어 버릇이라 부르기로 한다. 상급자의 경우, 설사 '개성 있는 자세'를 가졌다고 하는 사람조차 버릇이 매우 적다.

필자는 전에, 장기의 개성인 '기풍(棋風)'을 심리학적으로 연구하는 중에 오오야마 야스하루(大山康晴) 15세(世) 명인을 만났을 때, 그로부터 뜻밖의 '기풍관(棋風觀)'을 들었던 적이 있다. 오오야마 명인이라고 하면 고금독보(古今獨步)의 '받는 장기(상대의 적극적인 공격에 대하여 소극적으로 받는 형. — 옮긴이)'라는 기풍으로 유명해, 그 강한 개성이 높은 평가를 받고 있었다. 그 명인에게서 들은 말은 다음과 같은 것이었다.

"기풍, 기풍이라고들 하고 저 역시도 받는 장기의 기풍을 가졌다고 하지만, 우리 프로페셔널들은 자신의 기풍을 없애려고 노력하고 있습니다. 기분이 좋을 때는 기풍 같은 게 나오지 않습니다. 기분이 나빠야 기풍도 나오지요. 그래서 기풍이라는 것은 버릇이고, 그 사람의 결점과 관련된 것이라고 생각합니다."

이 말을 들었을 때는 놀라움과 함께 진정한 겸허함을 본 듯한 기분이 들어 감명을 받았다.

결점을 포함하여 자신의 개성을 인식하고 있다

상급자는 버릇을 포함하여 자신의 개성을 인식하고 있다. 그 인식의 형식은 동호인으로부터 받는 평가에 의한 부분도 크다.

경기에서 자신의 특기 형태가 정말로 특기가 되어버리면, 상대가 그것을 경계하거나 피하게 된다.

테니스의 발리가 특기라면 상대는 베이스 라인을 중심으로 하는 타법을 써서 네트 플레이를 방해하려고 한다.

악기 연주에서도 자신의 연주를 다른 사람과 비교하면 자신의 장점을 분명히 알게 되고, 다른 사람으로부터도 어떤 특정한 연주법이나 해석에 대해 질문도 받게 된다.

이렇게 자신이 특기로 삼으려 했던 것을 주위로부터 인정받기 시작하면 자신의 개성을 명확히 인식하게 된다.

그와 동시에 자신의 버릇에 대해서도 잘 알게 된다. 자신의 결점을 인지한다는 것은 그리 유쾌한 일이 아니므로, 진정한 의미에서 고수가 되려는 마음이 우러나오지 않으면 그것을 직시할 기분이 들지 않는다. 하지만 일단 똑바로 보기 시작하면 기능 인지를 위한 코드나 코드 시스템이 형성되어 있어, 그 버릇이 발생하는 원인이나 버릇의 악영향에 대해 통찰력을 가질 수도 있다.

연습 방법을 고안할 수 있다

외통 장기라는 것은 정해진 말을 사용해 장군을 계속 부름으로써 왕을 외통으로 몰아넣는 것을 말한다. 보통 공격을 눈앞에 두고 문제의 국면을 해결하지만, 어떤 아마추어 고단자는 학생시절에 그것을 반대로 보고 풀어갔다는 일화가 남아 있다. 자신이 공격하는 입장에서 판을 보는 것이 아니라 공격당하는 입장에서 보는 것이다. 그 사람에 따르면 "대국 중에 상대편의 왕이 궁지에 몰릴 때는 단박에 알겠는데, 자신의 왕이 위급할 때는 얼른 감이 오지 않아 부주의로 패하는 일이 계속된다"는 것이 그 이유이다. 그에 따르면 그러한 노력이 얼마쯤 지나자 효력을 발휘하여, 자신의 왕이 처한 위험을 놓치는 일은 줄어들게 되었다고 한다.

스포츠에서도 어떤 특정 근육을 단련시키기 위해 그 부분만 보디빌딩으로 단련시키거나, 어떤 특정 장면을 생각한 이미지 트레이닝을 반복하는 등, 상급자는 자신의 독자적인 트레이닝 방법을 개발할 수 있다.

이러한 판단이 가능하기 위해서는 기능에 대한 사고 시스템(코드와 코드 시스템)이 온전히 형성되고, 그 판단에 대한 확신이 사고 속에서 유지되어야 한다.

중급자나 초보자로부터도 배울 수 있다

중급자까지는 가르침을 주는 상대가 모두 자신보다 상급인 사람이다. 그러나 상급자가 되면 배운다기보다는 다른 사람의 기능을 보고 생각하고, 보고 훔치는 부분이 많아진다. 그것은 자신보다 분명히 나은 실력을 가진 사람이 적어진다는 것과, 기능의 코드와 코드 시스템이 머릿속에서 정비되어 단지 보기만 해도 급소를 통찰하고 기억하는 능력이 높아지기 때문이다.

그렇게 되다 보면 자신보다 종합적으로 떨어지는 사람의 기능을 보고도 부분적으로 뛰어난 부분을 통찰하여 그것을 받아들일 수 있게 된다. 비슷한 수준의 사람뿐 아니라 자신보다 미숙한 사람에게서도 배울 수 있는 것은 상급자의 하나의 큰 특징이다. 또 초보자에 대해서도 그 사람의 장점을 지적해줄 수 있으므로, 지도를 받는 사람이 발전하게 된다.

이러한 경지에 이르면 처음에 읽었던 입문서를 다시 봐도 거기서 새삼 얻는 것이 있다. 그러므로 초보자를 대상으로 한 책이나 기본적인 기능을 해설한 책도 새로운 재미를 느끼며 읽을 수 있게 된다.

상급자 가운데 기본 기능에 관한 책들을 흥미롭게 읽는 사람은 이러한 경지에 도달해 있는 경우가 많다.

상급자에게 경의를 가지고 있다

상급의 경지에 이른 사람은 그 방면의 달인들에 대해 깊은 존경심을 가지고 있다. 그들이 다소 멍청한 게임을 했다고 해서 "저 정도라면 나라도 하겠다"고 말하거나 생각하지 않는다.

한때 젊은 장기기사에게 여성 팬들이 쇄도했던 적이 있다. 그 무렵 '우상'이 되었던 하뉴우 요시하루(羽生善治)는 "여성들이 장기에도 관심을 가져주니 고마운 일입니다"라고 조심스럽게 말했던 적이 있다. 상급자의 경의는 이와 같은 '팬으로서의 동경'과는 크게 다르다.

어떤 기능이든 프로페셔널 수준을 유지하기 위해서는 나름대로의 부담이 있다. 그런 만큼 상대가 그것을 유지하고 더욱 숙달시키려는 사람임을 느낄 때, 충분한 근거와 실감으로서 존경심을 가질 수 있다.

인격적인 안정감이 있다

어떤 기능이든 상급의 경지에 이른 사람은 그 과정에서 인격적인 안정감을 터득하고 있다. 일상생활 속에서 열심히 시간을 내고 정열을 불태우며 살아온 세월 속에서 얻어진 안정감이다.

중급자에서 상급자가 되었을 때 그야말로 '벗어났다'고 실감하는 것이 보통이다. 같은 기능이라도 어제와는 다른 차원으로 보이는 경험을 한 것이다.

그러한 체험을 함으로써 특정한 기능을 초월했다는 자신감을 가질 수 있다. '하면 할 수 있다'는 본능적인 자신감이 아니다. 합리적으로 생각하고 차분히 시간을 들인다면, 보는 관점이 다른 차원으로 바뀔 수 있다는 자각이다.

그러한 일이 거듭 쌓이면서 인격적인 안정감이라는 것이 만들어진다.

상급자와 중급자의 좁은 의미의 차이는 해당 지식이나 기능의 차이를 일컫는다.

본장에서는 그러한 좁은 의미의 차이에서 벗어나, 특히 기억과 의욕의 메커니즘으로 상급자와 중급자의 차이를 음미해보았다. 숙달한다는 행위가 가져오는 변화의 이미지를 이해할 수 있었다면 다행한 일이다.

다음 장에서는 이것을 바탕으로 실제적으로 고수가 되는 방법론을 살펴보기로 하자.

제4장 고수되는 방법
─ 중급자에서 상급자가 되는 단계

1. 조감적 인지를 높인다

상급자는 중급자에서 한 번 허물을 벗은 사람이다. 인지와 기억의 구조에 변화가 일어나고, 기억이나 사고의 효율이 높은 상태가 되는 과정이 여기서 말하는 탈피다. 이제 그 탈피를 자기 자신에게 일으키기 위한 방법을 살펴보기로 하자.

자신 있는 일에 집중한다

한동안 자신 있는 일에 집중하다 보면, 그것을 중심으로 전체가 보이게 된다. 그것이 균형 잡힌 조감도(鳥瞰圖)까지는 안 되더라도, 자신 있는 일을 인식의 중심으로 한 전체적인 그림은 될 수 있다. 어떤 한 가지 일을 중심으로 거기에 집중하여 숙련된 경지에 이르면, 그 중심인지에서 형성된 인지 스키머가 다른 것을 볼 때도 통찰력을 발휘해준다. 그 과정은 빠른 시기에 형성하는 것이 중요하다.

이렇게 자신 있는 일에 집중하는 시기를 거치지 않고, 처음부터 균형 잡힌 조감적 인지를 얻으려고 해서는 안 된다. 물론 못할 것은 없지만, 결국 중심이 없는 얄팍한 조감적 인지가 될 수 있다. 그럼으로써 전체적 이해가 부족한 단계에 머물러 버릴 위험이 있는 것이다. 오히려 전체적인 조감은 이렇게 한 점을 중심으로 한 인식을 다양하게 반복함으로써 숙련된 형태로 갖춰가는 것이 바람직하다.

자신 있는 일은 자기 자신의 주체성을 형성하는 데 도움이 된다. 예를 들어 바둑에서 '내 특기는 패싸움이다' 라는 인식이 있으면 그만큼 보람도 느끼기 쉽다.

또 다른 사람으로부터 "저 사람에게 패싸움으로 몰리면 이기기 힘들어"라는 말을 듣게 되면, 주변 사람이 볼 때도 자신과 대전하는 즐거움이 커지고, 또 연습하는 보람이 자기 자신에게 더욱 커진다.

숙달에 필요한 것 중의 하나가 자기 주체성이라는 것은 이미 설명했다. 이렇게 해서 강화되는 자기 주체성이 강한 의욕을 낳는다. 의욕의 깊이가 워킹 메모리에서 장기기억으로 형성되는 열쇠를 쥐고 있다.

기록을 한다

어느 정도 꾸준히 연습하게 되었다면, 어떤 형태로든 기록이나 메모를 하려고 연구해야 한다.

기록에 대한 효과를 들어보기로 하자.

우선 기록을 하기 위해서는 몇 시간쯤 뒤에 노트를 할 수 있도록 기억하고 있지 않으면 안 된다. 그 '기억하고 있어야 한다' 는 심리적 압박은 워킹 메모리와 장기기억에 매우 큰 부담이 된다. 거기서 부담을 주는 일이 코드화 능력을 상승시키는 데에 크게 기여한다. 또, 당연한 일이지만 기록은 반복적인 복습을 가능하게 한다. 기능이나 지식 중에는 기록이 없으면 복습할 수 없는 것이 적지 않다. 테니스의 기능 역시 그때의 감촉을 기록으로 남겨두면 큰 도움이 되는 수가 있다.

예를 들어 테니스의 플랫 서브(신체의 정면 가장 높은 곳에서 라켓의 평면으로 공을 타격하는 서브를 말함. — 옮긴이)를 하는 요령의 하나는 볼을 떨어뜨리고 싶은 지점보다 약간 오른쪽을 겨냥하는 느낌으로 치는 것이다. 그 히팅 포인트를 발견했을 때는 의외로 오른쪽이라고 생각한다. 3개월쯤 쉬었다가 서비스를 하면 그것을 잊고 있었던 만큼 제대로 되지 않을 뿐더러 자세의 여러 부분이 무너져버리는 수가 있다. 하지만 "의외로 오른쪽이다!"라고 한 마디 기록해두면 연습의 공백이 생기더라도 그것을 떠올릴 수 있다. 그리하여 확실한 반복연습을 할 수 있게 된다.

이처럼 기능 자체는 언어로 표현하기 힘든 것일지라도 언어화하여 써둔다면, 그것이 계기가 되어 기억이 떠오르도록 유발해주기도 한다. 그 효과가 의외로 크다.

한 가지를 경험해도 그것이 두세 가지가 되도록 연구하는 것이 숙달의 요체다. 기록은 그것을 가능하게 해준다.

바둑에는 기보(棋譜)가 있어 자신과 상대가 두는 수를 모두 기록하는 것이 가능하다. 2단 정도가 되면 자신이 둔 바둑은 다음날에도 기억할 수 있다. 그때 기보를 기록해서 남겨둔다. 기보가 있으면 자신의 경험을 다시 체험할 수 있다. 실전에서 실수를 범한 지점에 오면, 실전 때와 같은 분함을 다시 체험할 수 있다.

  중요한 대국이라면 세월이 지난 뒤에도 분한 감정이 더욱 고조되는 일조차 있다. 이긴 바둑이라면 결정적인 한 수를 발견했을 때의 흥분이 그대로 되살아난다. 상대가 이렇게 나오면 나는 이렇게, 상대가 저렇게 나오면 나는 이렇게 응하는 '수읽기'를 한다면 실현하지 못했던 변화에까지 생각을 키울 수 있다. 패한 바둑도 여기서 이렇게 착수했다면 이기지 않았을까 하고, 그때 생각했던 것보다 몇 배는 더 깊이 생각하기도 한다. 이러한 과정에서 한 판의 대국이라도 몇 배는 더 깊이 경험할 수 있다. 그것은 기보가 기록되어 있어야 가능한 일이다.

  처음에 어떤 식으로 기록해야 할지 모르겠다고 하는 사람도 많다. 중요한 것은 우선 기록을 하기 시작하는 것이다. 기록을 하다보면 점차 나름대로의 방식이 나오기 마련이다. 그 과정 자체가 코드화 능력, 코드 시스템 형성과정인 것이다.

개론서를 읽는다

  어느 정도 정기적인 연습체제가 갖춰지고 좋아하는 형태나 특기 형태가 정해지면 책을 읽도록 권한다. 이번에는 입문서와 달리 개론서 같은 폭넓은 내용이 좋다. 테니스나 골프, 도예 등은 선언형 지식의 역할이 적어 책을 읽어도 도움이 안 된다고 생각할지 모르지만, 그런 일은 없다. 수속형 지식이 대부분일지라도 책을 읽는 효과는 크다. 다음에 그 효과를 살펴보기로 하자.

  예를 들어 테니스의 서브에 대한 책을 읽는다고 하자. 토스 직전 왼손으로 볼을 집는 방법에 대해 "삶은 계란을 집듯 부드러운 손놀림으로"라고 쐬어 있다면, 그것을 읽고 힘을 주는 정도를 상상해야 한다. 그것을 읽으면서 볼의 무게나 크기, 감촉 등을 상상하면서 힘을 주는 정도나 무릎의 움직임 등을 상상하게 된다. 그와 같은 두뇌활동을 이미지 트레이닝 하는 수도 있지만, 이미지 트레이닝에 의해 해당하는 기능에 대해 생각하기 위한 도구, 다시 말해서 코드화 기능을 강화할 수 있다.

코드화 기능의 강화가 숙달의 요체인 것은 앞서 기술한 바 있다.

다음에 개론적인 책에서 조감적인 지식을 얻을 수 있는 것이 이 단계에서는 중요하다. 조감(鳥瞰)이란 새가 하늘에서 지상을 내려다보는 것을 의미한다.

이미 자신의 특기를 만들고 그 특기를 중심으로 기능 습득이 시작되고 있다. 기능 훈련의 범위를 전체로 펼칠 것까지는 없지만, 조감적인 지식이 그 특기의 기능을 습득하는 데 통찰력을 가져다주기도 한다.

뒤에서 설명하겠지만 여기서 좀더 진행되면 자신의 작은 모형을 만드는 과정으로 들어간다. 그때 무엇을 교재로 정해야 좋을지 판단하기 위한 지식이나 그것을 통찰하기 위한 지식은 넓은 편이 좋다.

2. 이론적 사고를 익힌다

이론서를 읽는다

개론서에 의해 전체적인 지식을 얻었다면 지금부터는 이론을 공부한다. 개론서와 이론서는 다르다. 개론서는 다소 얕게, 그러나 폭넓게 지식이 정리되어 있다. 이론서는 넓지 않지만, 어떤 사항의 원리를 깊이 있게 정리해 놓고 있다. 이론서에는 그것만이 갖고 있는 독특한 논리가 세밀하게 다뤄져 있다. 그 세밀함을 담아내는 인지 시스템을 만드는 것이 이 과정의 큰 목적이다.

영어회화를 익히려고 할 경우 회화 예문집이 개론서라고 한다면, 고교 참고서와 같이 '딱딱한' 문법책은 이론서가 되는 것이다.

개론적 기술과 이론적 기술의 큰 차이는 얼마나 쉽게 읽히느냐에 있다. 개론은 여러 가지 내용을 조금씩 해설하고 있어 읽기 그다지 어렵지는 않다. 이론서는 자세한 차이를 상세히 해설하고 있고 설명도 딱딱하여 끝까지 읽는 데 상당한 끈기가 요구된다. 책을 펼치고 조금 읽다가 하품을 하고 접어버리는 정도로밖에 읽지 못할 수도 있다. 그것을 조금씩 읽어가면서 독파하는 것이 바람직하다. 한 번에 다 읽을 수 없을 때는 대충 보고, 두 달이나 세 달이 지나고 나서 다시 한번 몰두해보는 것도 좋다. 하지만 그렇게 반복하면서도 몇 년이 지나도록 읽지 못할 수도 있다. 그럴지라도 이 단계 정도에서 이론서를 읽기 시작하는 데에는 나름대로의 의미가 있다.

그 의미에 대해 잠시 살펴보기로 하자.

미숙하므로 이론이 필요하다

우선 이론적인 사고를 배워 익히는 것이 숙달에는 큰 도움이 된다. 어학을 생각해보자. 미국인, 영국인이 쉽게 영어로 말할 수 있는 것은 어린 시절부터 영어회화, 즉 그 언어를 밥 먹듯이 써왔기 때문이다. 자극의 양, 연습의 양이 많으므로 문법을 몰라도 영어로 말할 수 있다. 우리 외국인이 영어를 배울 경우 아주 열심히 효율적으로 노력한다면 아마도 3, 4년 안에는 미국의 성인과 맞먹을 정도의 능력을 얻을 수 있을 것이다. 하지만 그럴 경우라도 영어를 접촉할 수 있는 시간이 절대적으로 부족하다. 영어를 모국어로 하는 사람이라면, 주변 사람과의 대화에서 문법의 요점을 귀로 가려내 쉽게 익힐 수 있다. 그들이 귀로 듣는 회화에는 그처럼 가려낼 필요가 없는, 지식으로서는 효율성이 없는 부분도 많이 포함되어 있다. 절대량이 많으므로 자연스럽게 가려낸 것이 충분한 양이 된다. 외국어로서 영어를 배울 경우는 그런 식의 낭비를 줄여야 한다. 자연히 알아야 할 요점을 효율적으로 배워야 하는데, 요점을 가려내고 요점이 요점인 이유를 설명한 것이 문법이자 이론이 된다.

프로 골퍼는 한 가지 샷을 똑같은 스트록으로 수백 번 이상 연습한다. 그 과정에서 그들은 조금씩 기술을 완성하고 체득해간다. 따라서 그처럼 충분한 연습을 할 수 없는 우리는 이론을 정확히 배움으로써 기능에 관한 사고능력을 높이고 경험 부족을 메워야 하는 것이다.

이론서를 읽고 분별력을 높인다

다음에 이론서를 읽음으로써 미세한 차이의 중요성이나 의미를 이해할 수 있게 된다.

이론서에는 종종 미세한 차이를 이론적으로 평가하여 다룬다. 이론서를 통독하는 일이 중요한 것도 그 때문이지만, 그 내용을 온전히 이해함으로써 정확한 인식이나 사고의 방법을 익힐 수 있다. 그러면 중급자일 때는 큰 차이로 생각되지 않던 것이 사실은 매우 중요한 사항이었음을 알 수 있게 된다.

장기에서는 졸(卒)이라는 가장 말단의 말을 제대로 쓸 줄 알면 대체로 중급자이다. 중급자가 되면 졸 하나의 차이가 승패 자체를 좌우한다는 것도 당연한 일로 이해할 수 있다. 거기에 더해 '수득(수의 효율적인 이득)'의 중요성을 인식할 수 있으면 상급자에 가깝다. 초보자끼리의 대국에서는 양쪽이 사(士)의 길을 열어준 뒤 사를 교환하는 일이 종종 있지만, 상급자가 그것을 하지 않는 것은 이러한 교환이 '수득'이 되기 때문이다.

3. 정밀하게 배운다

한 가지를 정해 깊이 파고든다

어떤 한 가지를 정해서 그것을 정밀하게 배우도록 해본다. 지금까지는 일단 종목을 정해서 개론적인 책을 읽고, 그 종목이 어느 정도 자신의 개성이나 기호에 맞는지를 살피는 과정을 거쳤다. 그 연장으로서 그 종목 중에서 좀더 목표를 좁혀 철저히 파고들어간다.

일본의 클래식 음악가를 많이 키워낸 방법 가운데 유명한 것이 있다. 키리토모(棟朋) 음악대학의 고(故) 사이토오 히데오(齊藤秀雄) 교수가 주장한 '사이토 방법'이라는 것이다. 오케스트라의 곡을 하나 선택한 뒤 엄청난 에너지를 쏟아부으며 오랜 시간에 걸쳐 그 한 곡을 완성해가는 방법이다. 때로는 반나절이 지나도록 몇 소절밖에 나가지 못하는 날도 있다고 한다. 하지만 이 정도로 정밀하게 한 곡을 마무리해가다 보면 어느 시점에서 곡이라는 것, 연주라는 행위에 대해 눈이 뜨이게 된다는 것이다. 그것이 얕게 여러 곡을 배우는 것보다 훨씬 효과적이라고 많은 사람들이 술회하고 있다.

이러한 정밀연습에 착수할 때는 대체로 어느 정도의 시간이 지나면 마스터 하게 될 거라는 나름대로의 목표를 가지고 있는 경우가 많다. 실제로 하다보면 도중에 좁고 한정된 레퍼토리 속에서 뜻밖의 풍성한 경험과 재미를 얻을 수도 있다.

우선 그 재미에 빠져보는 것이 필요하다.

대상을 바꾸어 정밀연습을 반복한다

정밀연습에 푹 빠져 지내다보면 어느 정도의 시간이 지나고 나서 "이제 이것은 대충 알겠다" 싶을 때가 자연히 찾아온다. 그런 시간이 정말로 자연스럽게 찾아오면 또 다른 대상을 정해 한동안 파고들어본다. 이런 식으로 나선형 계단을 오르듯 반복하는 것이 고수가 되는 요령 중의 하나이다.

정밀연습의 대상을 바꾸어 보면, 본래 관심을 가졌던 대상과 새로 관심을 갖게 된 대상의 특징이 명확히 눈에 들어온다. 한 번 깊이 배운 뒤이므로 마음속 깊이 들어온다. 이러한 경험이 거듭 쌓이다 보면 통찰력도 생긴다.

놀라운 장기실력을 갖춘 사람으로 카우프만이라는 미국인이 있다. 본업은 프로페셔널 체스 기사이지만, 해마다 여름이면 두 달쯤 일본에 머물며 장기에 빠져 지낸다. 이 사람의 공부 방법이 참고가 될 것 같다. 그는 우선 전해에 일본을 떠날 때, 특정한 전법(戰法)을 다룬 장기 서적을 닥치는 대로 사가지고 돌아간다. 그러고는 미국에서 장기를 둘 상대도 없는 열 달 동안, 일본어도 모르면서 그 책들의 기보를 상세히 검토한다. 일본어를 모르므로 해설 내용, 특히 형세의 판단 기준 등은 기보에서 유추하는 정도밖에 모른다고 하지만, 그래도 그 형태에 익숙해진다. 그리고 이듬해 여름 일본에 오면, 지난 1년간 숙달한 그 형태에 집중해서 장기를 두는 것이다.

이러한 방식으로 10년 만에 일본의 톱 아마추어에 필적할 기량을 갖추었으니, 숙달 속도로는 예외적으로 빨랐던 것이다.

어쨌든 뭔가 하나를 '특기'로 정하고, 그 작은 부분에 큰 에너지를 집중하는 시기가 필요하다. 특기를 정하기 어려울 때는 종목을 작성해 놓고 제비뽑기로 결정해도 된다.

정밀연습으로 요구 수준이 높아진다

집중하는 시기는 자신에 대한 요구 수준을 높이는 시기이기도 하다. 자신이 집중하고 있는 종목은 자연히 다른 사람에게 지고 싶지 않은 기분이 들게 마련이다.

장기가 2단인 사람이라도 특기 전법에서는 4단을 이길 수 있을지도 모른다. 접전이 벌어지는 일은 흔하다. 훨씬 상위의 사람과 접전이 벌어지는 일도 있고, 또 특기가 주변 사람에게 인식되어 가면 특기 분야에서 길러진 요구 수준이 마침내 전체의 수준을 끌어올리게 된다. 그것이 더욱 깊은 의욕을 낳는다.

자신의 특기 분야에서는 다른 분야보다 전체적으로든 부분적으로든 인식능력이 예민해진다. 그 예민함은 이와 같이 나중에 특기를 변경했을 때에도 통찰로서 살아나는 것이다.

완벽한 모방이나 암송을 한다

모방은 학습의 기본이다. 최근의 교육 풍조는 모방을 경시하지만, 필자는 이것이 잘못된 풍조라고 생각한다.

『'해낼 수 있는 사람'은 어디가 다른가』의 저자로 유명한 사이토오 타카시(齊藤孝)도 살아가는 데 가장 중요한 힘으로서 '절차의 힘' '비평의 힘'과 함께 '모방하는 힘'을 들고 있다.

정밀훈련의 한 가지 수단으로서 완벽한 모방을 하는 것이 효과가 있다.

예로부터 문장력을 숙달하는 방법으로 글 베껴 쓰기가 효과적이라고 했다. 자신이 좋아하는 작가의 문장을 배우고 싶으면 원고지에 그 사람의 작품을 만년필로 베껴 써보는 것이다. 쓰는 속도로 천천히 글을 음미해보면, 읽을 때에는 깨닫지 못했던 저자의 고심한 흔적을 느낄 수 있다. 불과 30분만 베껴 써봐도 눈이 확 뜨이는 느낌을 받을 것이다.

영어실력을 높이고 싶다면 자신의 영역에서 모범이 될 만한 영문 논문을 찾아 그것을 암송해본다. 베껴 쓰는 것도 좋지만, 한 번에 한 단락 정도를 보지 않고 말할 수 있을 만큼 암기해본다. 전철 타는 시간을 이용해보는 것도 좋다. 그러면 간단하게 영문 구조를 이해할 수 있을 뿐더러 설득을 위한 문장 만드는 법 — 영어에는 영어식의 설득 전략이 있어, 단락의 구조가 우리말과 전혀 다른 점 등 — 에 대해 확실히 알 수 있다. 단지 영어뿐 아니라, 영어로 전문적인 주장을 하기 위해서는 어떤 문장으로 이끌어가는 것이 효과적인가 하는 점들을 몸으로 느낄 수 있게 된다. 단기간에 외국어 실력을 갖춘 사람들은 대부분 이런 식의 암송을 으레 거치고 있다.

우리 세대에는 고 케네디 대통령의 취임연설을 암송한 사람들이 많이 있다.

"To those old allies whose cultural and spiritual origins we share, we pledge the loyalty of faithful friends. United, there is little we cannot do in a host of cooperative ventures. Divided, there is little we can do ; for we dare not meet a powerful challenge at odds and split asunder."

문화적·정신적 태생이 같은 우리의 오랜 우방에게 우리는 믿음직한 친구로서 충성심을 약속합니다. 뭉치면 수많은 공동의 모험에서 우리가 못할 것이 없습니다. 헤어지면 우리가 할 수 있는 일은 없습니다. 다투고 분열해서는 엄청난 도전에 감히 맞설 수 없기 때문입니다.

라는 몇 줄을 보면, 당시 이상주의적인 미국의 분위기를 생생하게 느낄 수 있다.

그 이상으로 중요한 것은 이 문장의 리듬이 사람을 설득할 때의 본질적인 리듬을 갖추고 있다는 것이다. 관계대명사가 단순한 수식을 넘어선 역할을 하고 있다. 이것을 암송하면 설득의 본질을 주장하는 호흡을 익힐 수 있다.

바둑에서 고수들의 대국보를 외우는 것은 족보에 있는 방법이다. 족보에서도 상위에 속하는 방법으로 초심자라도 고수들의 명국 10국을 외워 각각 10번을 혼자 복기할 수 있으면 1급이 된다는 설도 있다. 이 암송 훈련에서는 가능한 한 모방하고 외우려고 하는 것이 중요하다. 한번 경험하면 이해할 수 있지만, 외우려고 노력하는 데서 파생되는 여러 가지 효과가 있다.

암송함으로써 코드 자체가 증가하는 일은 별로 없다. 하지만 정확히 모방하고 암송한다는 압력을 가함으로써 코드 시스템이 중층구조가 되고, 시스템 자체가 풍부해질 수 있다. 코드 시스템이 발달하지 않으면 1개의 청크에 넣을 수 있는 정보량이 늘어나지 않아, 하나의 연기(演技)를 끝까지 기억할 수 없기 때문이다. 그것이 정보처리 능력을 풍부하게 만들고, 감성을 풍부하게 해주는 것이다.

4. 이미지 능력을 높인다

이미지 능력을 키우는 훈련

장기에는 장님 장기라는 단련법이 있다. 판이나 말을 쓰지 않고 '7 여섯 칸' '3 네 칸'과 같이 대화로 말을 움직여 대국을 이끌어가는 것이다. 시간이 흐를수록 이미지는 흐려지지만, 아마 3단 정도 되는 사람이라면 이 방법으로 끝까지 대국을 진행할 수 있다. 피로감이 심하고 판세를 기억하기 위해 워킹 메모리가 사용되므로 그만큼 수를 생각하는 작업이 쉽지 않아, 게임으로서의 장기 수준은 떨어진다. 그렇더라도 한동안 이 장님 장기를 해보면 어느 순간부터 일반 대국이 매우 쉬워질 때가 있다. 그것은 이미지를 유지하기 위해 코드화 시스템이 좀더 원활하게 통합되기 때문이다.

이 밖에도 보통은 국면을 보면서 생각하는 외통 장기를, 일단 문제를 기억한 뒤 국면을 보지 않는 상태에서 생각하는 훈련을 하는 것도 효과가 있다. 피로감은 크지만 워킹 메모리를 상대적으로 크게 만들 수 있다.

타인을 보고 감정이입을 한다

다른 사람의 시합이나 작품을 볼 때, 되도록 그 사람에게 감정이입을 하는 연습은 도움이 된다.

장기나 바둑이라면 기보를 재현하면서 "여기는 가만히 참자는 생각 같은데, 힘들겠어" "과감한 수였지만, 용기가 필요했을 거야" "여기서는 승리를 확신했군"하는 식으로 감정이입을 해보는 것이다.

이미 가설로서 설명했듯이 고도로 통합된 코드 시스템은 일상의 정동(情動:그 영향이 신체에 나타날 정도로 강렬한 일시적인 감정. — 옮긴이)보다 추상도가 높은 정감을 인덱스로서 정리한다. 정말로 활동적인 기억사항이 되는 것은 정감 인덱스가 인지 속에서 온전히 형성된 것뿐이다.

따라서 감정이입을 의식적으로 강하게 하려고 하면 거기에서 만들어진 감정이입이 정감 인덱스가 되어, 검색하기 쉬운 상태로 코드 시스템이 정돈되는 것이다.

좋은 작품을 본다

지금까지의 훈련으로 좋은 것과 나쁜 것을 구별할 수 있게 되었다. 그러면 한동안은 좋은 것만 보고 좋은 것만 접하려고 하는 것이 도움이 된다.

골동품 감정은 직관적으로 눈을 단련하는 것과 다양한 증거를 찾아내기 위한 지식이 요구된다. 그래도 궁극적으로는 직관이 중요하다. 지금 골동품 감정 부문에서 중진이 된 어느 분은 젊은 시절 국립박물관에 자주 다녔다고 한다. 매일 같은 것을 보러 갔다는 것이다. 그렇게 어느 시기를 지내다 보면 어떤 특정한 차호(차를 넣어두는 용기. — 옮긴이)가 눈에 선명히 들어오고 머릿속에 남게 된다. 그런 경험이 거듭 쌓이면, 위조품을 보았을 때 직관적으로 '이상하다'는 것을 꿰뚫어볼 수 있게 된다고 한다.

다양한 기능에 대해 코드가 형성되고 그 뒤에 코드 시스템이 형성되는데, 이 시스템은 본래 좋은 작품이나 시합을 기록하기 위해 형성되어야 하는 것이다. 코드 시스템이 형성되는 시기에 좋지 않은 작품, 좋지 않은 플레이에 너무 많이 접하면 코드 시스템이 그런 것들의 영향을 받게 되고, 결국 그것이 문제가 된다.

좋은 작품이나 시합에 의해 코드 시스템이 형성되어 있으면, 좋지 않은 것을 봤을 때 '기록하기 어렵다'는 느낌이 일어나게 된다. 나쁜 것을 직관으로 안다는 것은 나쁜 것을 봤을 때 '기록에 사용할 코드가 없다'는 텅 빈 느낌이 일어나는 것을 말한다. 그러한 상태를 만드는 것이 훗날의 숙달을 위해서는 바람직한 일이다.

5. 달인의 수를 배운다

달인의 스키머에 접해본다

달인의 기량에 직접 접해볼 기회를 가져본다.

장기나 바둑이라면 떼고 두기나 접바둑으로 고단자의 대국 지도를 받아본다. 그러면 기량과 발상 자체가 질적으로 다르다는 것을 알 수 있다. 게다가 대국 뒤에 구체적으로 잘못한 착수나 발상을 지도받을 수 있다. 자신의 발상이 전혀 다른 차원으로 비약하는 계기가 되기도 한다.

달인의 기량을 접해서 좋은 것은 기본적으로 달인이 가지고 있는 사고의 스키머를 엿볼 기회가 생긴다는 데에 있다. 물론 전체적인 스키머를 모두 접할 수는 없지만, 자신의 스키머가 한 단계 도약할 시기에 와 있을 때에는 큰 암시를 받을 수가 있다.

달인과 직접 만나고 대화한다

달인의 작품이나 플레이를 보는 것뿐 아니라, 직접 대화를 나누거나 관찰할 기회가 있다면 되도록 달인과 접촉하려고 노력해야 한다.

기능과는 무관한 자리라도 그의 행동거지에서 배울 만한 점이 보이는 수가 있다. 반대로 그것을 발견하지 못하고 '기타를 잘 치는 것 빼고는 보통 사람이구나'라고 생각된다면, 그것도 나름대로 하나의 발견이다.

수영선수 중에는 종종 평소의 생활에서도 의자에 앉기보다는 베드나 바닥에 엎드려 지내려고 하는 사람이 있다. 누워 있는 자세를 정상적인 상태로 만들고, 앉거나 서기 위한 근육은 수영에 도움이 되지 않으므로 사용하지 않으려고 하는 것이다.

이렇게 구체적인 일은 아니더라도, 달인을 보고 있으면 참고가 될 만한 것이 있다.

또, 달인과 이야기할 기회가 있으면 그 일로 단숨에 눈이 뜨이는 수가 있다.

익혀보려고 하는 기능에 뛰어난 사람이 텔레비전에 나오는 것을 보는 것도 이와 같은 의미에서 도움이 된다. 그런 사람들의 일상을 취재하는 프로그램이라면, 그 속에서 자신이 고수가 되기 위해 '훔칠 수 있는' 힌트가 눈에 뜨일 것이다.

이런 데서 얻을 수 있는 것은, 달인의 경우 그 기예와 직접 관련되지 않은 것으로 생각되는 일까지도 기예의 스키머 규정을 받고 있음을 깨닫는다는 것이다. 그 중에는 단지 의외로 생각되는 부분도 있지만, 의외라면 의외라는 인상만이라도 소중히 간직해두면, 훗날 그것이 의외가 아니라는 것을 자신이 실감하게 되기도 한다. 그때 자신의 스키머에 또 다른 변화가 있었음을 실감할 수 있다.

달인의 실수에서 배운다

이미 어느 정도 느끼고 있었던 것처럼, 인지에 사용되는 코드와 코드 시스템에는 상당히 큰 개인차가 있다. 그 차이는 오히려 실수에서 크게 드러나는 일이 많다.

실수 자체는 우리의 모방의 대상이 되지는 않지만, 뛰어난 사람의 실수를 가만히 살펴봄으로써 그 사람의 인지의 특징을 깊이 추측할 수가 있다.

예를 들어 '수비의 오오야마'로 두려움을 샀던 장기의 고 오오야마 야스하루 15세 명인은 자신의 공격 속도를 속단하는 실수가 많았다고 한다.

이 일은 사실 오오야마 명인의 장기가 공격형 장기를 기초적인 틀로 해서 발전했음을 말해주고 있는 것일지도 모른다. 이 점 역시 '수비'의 기풍으로 알려진 고 모리야스 히데미쓰 9단과는 질적으로 전혀 다른 것이 아닐까 생각되기도 한다.

6. 광역 코드와 지식을 확대한다

타인의 개성을 기술해본다

지금까지 자신의 특기를 숙달시키는 데 어느 정도 전념해왔다. 그리고 그것을 자신의 개성으로 정착시키는 것을 살펴보았다. 그럴 때는 자신과 가까운 개성, 자신과 대극(對極)을 이루는 개성에 대해서 기술도 생각도 하기 쉬워진다. 코드와 코드 시스템이 자신의 개성을 중심으로 발달하기 때문이다.

하지만 그로 인해 기술이나 사고를 위한 코드와 코드 시스템은 한쪽으로 치우쳐 발달한다.

그러므로 자신과 그리 유사하지도 대극도 아닌 사람의 개성에 대해, 그 개성이 자라온 과정과 특징에 대해 생각하고 되도록 언어를 적용시켜 가며 구체적으로 기술하는 노력을 해보자. 그렇게 함으로써 우선 자신의 개성을 중심으로 발달해 오던 코드와 코드 시스템에 새로운 코드, 새로운 코드 시스템을 추가할 수 있다. 또 다른 사람의 개성을 기술하려고 할 때, 이미 학습한 개론적인 지식이나 개론적인 인지의 틀을 살린 형태로 활용할 수 있다.

장기나 바둑에서 다른 사람의 대국 방식을 보고 있으면, 어떤 발상으로 그런 수를 착상했을까 하는 생각이 들 때가 있다. 그럴 경우에 그 국면을 그 사람과 같은 입장이 되어 생각해본다. 그러다보면 '아아, 그렇구나!' 하고 그 사람의 감각이 이해될 때가 있다. 그런 일이 거듭 쌓이면, 이번에는 그것과 다른 가상장면이나 또는 자신이 어떤 국면을 맞고 있을 때 '저 사람이라면 이렇게 하겠지' 하는 상상이 가능해진다. 그러면 그만큼 자신의 코드나 코드 시스템이 넓어졌다는 것이다.

이런 종류의 추론은 어디까지나 추론이므로, 그 당사자에게 물어보면 빗나갈 때도 있다. 그럴지라도 그것은 그것대로 좋다. 맞고 안 맞는 것이 문제가 아니라, 자신의 개성과 다른 차원의 개성에 대해 생각해보고, 기술해보고, 감정이입까지 해가면서 알려고 해본다는 것이 중요하다. 코드를 풍부하게 만드는 것이 목적이므로.

광범위한 지식을 얻는다

이 단계까지 오면 적극적으로 광범위한 지식을 얻으려고 노력한다. 만의 하나 문화센터 등에서 개론수업을 해보라는 말을 듣는다면 가능할 정도로, 알아야 할 지식을 쌓아두는 것이다. 개론적인 지식에는 자신에게 도움이 되지 않는 것도 있다. 그런 지식도 피하지 말고 얻으려고 하는 것이 바람직하다. 그러고 나면 자신의 수법이 전체 속에서 어떤 위치에 있는지 알 수 있다.

광범위한 지식을 얻으면 자신이 현재 특기로 하고 있는 기법이 다른 기법과 어떤 구조를 가지고 있는지 이해할 수 있다. 그러한 인식에 의해 자신의 특기기법에 대한 통찰을 얻을 수 있는 것 또한 사실이다.

또, 이 단계까지 오면 그 기능은 자기 자신의 주체성에서도 매우 중요한 가치관이 된다. 그 상태에 이르러서도 지식이 충분치 않다면 자신의 긍지에도 영향을 미치게 된다. 반대로 광범위한 지식을 온전히 갖춤으로써 적당한 의욕이 연마되는 것이다.

비슷한 다른 유파나 기능에 대해 관심을 갖는다

피아노를 배우고 있다면 플루트를 잠시 시도해본다거나, 클래식 기타에 도전하고 있다면 전자기타에도 손을 대본다.

영어를 배우고 있다면 프랑스어도 맛을 좀 본다. 프랑스어를 깊이 공부해보면, 영국의 소설가 중에 프랑스어적인 어순이나 사고의 틀을 가진 사람과 그렇지 않은 사람이 있다는 것을 어렴풋하게나마 알게 된다. 우리나라 작가라도 한문에 소양이 있는 사람과 그렇지 않은 사람의 차이가 다소 느껴지는 것처럼, 영국의 전통적 교육 속에는 프랑스어의 소양이라는 것이 엘리트 교육의 근간을 이루던 시대가 있었음을 느낄 수 있다.

역사적인 과정을 안다

자신이 습득한 기능의 역사적 배경을 알려고 하는 것도 간접적으로 숙달에 도움이 될 때가 많다.

바이올린이 고안된 무렵에는 관악기를 제외하고 롱 노트를 유지할 수 있는 악기가 전혀 없었다는 것을 알 수 있다. 관악기와 그 외의 악기는 배음(倍音)구조가 전혀 다르다. 현악기의 배음구조로 롱 노트가 가능한 악기로서, 활로 켜는 연주법이 나왔다는 상상을 할 수 있다. 바이올린의 역사를 보면 음정을 평균율(근사치의 음정을 실용적으로 고르게 나눈 음율. — 옮긴이)로 연주하기 위해 기타처럼 플랫을 가진 바이올린이 공존하던 시기가 있다. 그 플랫이 떨어져 나간 과정에 주의를 기울여봄으로써, 자신이 지금 바이올린을 켜는 행위에 나름대로의 의미를 붙일 수가 있다. 이와 같은 지식은 숙달에 직접적인 도움이 되는 것은 아니다.

하지만 이러한 지식이 부족한 채로 자기 주체성 속에서 기능이 비중을 차지하게 되면, 그 기능에 대한 불건전한 의존이 생길 수 있다.

사전을 산다

광범위한 지식을 정비하는 의미에서, 간단한 것이라도 백과사전 등을 가까이 두도록 권한다. 사전을 구석구석 읽는 사람은 거의 없겠지만, 뭔가 모르는 것이 있을 때 우선 찾아볼 수단이 옆에 있다는 것은 중요한 일이다. 모르는 것을 흐지부지 넘겨버리는 것과 일단 찾아본다는 것이 당장은 별 차이가 없어 보여도, 어느 정도 시간이 지난 뒤에는 지식이나 가치관에서 큰 차이를 가져온다.

당장 보지는 않더라도 사전을 가까이 두고 언제든 펼쳐볼 수 있게 놓아두는 것이 적어도 가치관적으로 중요한 일이다.

워킹 메모리에서 장기기억으로 형성되려면 의욕의 깊이가 중요하다는 사실은 이미 설명했다. 장기기억을 검색하기 위한 적절한 인덱스를 형성하는 데도 분명히 일상적인 의욕이 관련되어 있을 것이다. 그와 같은 일상적인 의욕을 형성하는 수단으로서, 우선 사전을 가까이 두는 것은 바람직한 일이다. 극단적으로 말해서 사전을 사서 옆에 두는 행위에는 모르는 말을 찾거나 실제로 지식을 얻는 것보다 더한 효과가 있다고 생각한다.

제5장 상급자가 되는 특별훈련법

숙달을 극대화하는 10가지 단계

1. 반복연습을 한다

몇 가지 특기가 생기고 그 특기를 중심으로 한 조감적 인지가 형성되어 광범위한 지식에까지 관심이 미치는 이 단계가 되면, 특기를 형성하고 있던 초기의 그 반복연습은 어느새 소홀해진다. 이 시점에서 매번 짧은 시간이라도 반복연습의 기회를 마련하는 것이 도움이 된다.

초기의 반복연습은 아직 전체적인 이해가 없는 상태에서의 연습이었다. 다시 말해서 새로운 기능으로서 특기를 얻는 과정에서의 반복연습이었던 것이다. 전체적인 이해가 생기고 어느 정도 코드화나 코드 시스템이 습득된 뒤의 반복은 질적으로 더욱 풍부한 상태가 된다.

이 시기까지 와서 반복연습을 하면 새로운 발견을 할 정도의 신선한 감동을 얻을 수 있다. 초기의 반복은 기능에 관한 기억사상(記憶事象)의 검색 인덱스가 소수였으므로 이른바 단순작업이었다. 하지만 코드가 풍부해진 이 시점에서는 하나의 기억사상과 관련되어 상기되는 그 풍부함이 10배 정도로 증대되어 있다. 그 때문에 반복을 하면서도 지금 반복하고 있는 것과 연관성이 있는 많은 사상을 떠올리게 된다.

그러므로 특기를 처음 만들었을 때와 같은 반복연습을 하면, 일단 익숙해져 있는 사항에 새로 다양한 의미가 부여되어 지각(知覺)되므로, 그것이 신선한 감동을 낳는 것이다.

정리해보자면 여기서의 반복연습은 자신의 코드 시스템을 체크하고 강화하며 관련 있는 것의 연상범위를 증대시켜, 전체적으로 코드 시스템을 풍부하게 만드는 데 도움을 준다. 그와 함께 자동화되어 있는 자신의 기능에 대한 자신감을 확인하고, 워킹 메모리의 처리능력이 증대되도록 이끌어준다.

2. 평론을 읽는다

평론을 읽는 것은 숙달에 도움이 된다.

지금까지 설명해온 독서는 오로지 지식이나 기능을 습득하는 데 도움이 되는 내용의 독서였다. 그것들은 기능에 대한 힌트를 직접 주는 동시에, 기능에 대한 코드나 코드 시스템을 단련하는 의미가 담겨 있었다.

코드 시스템이 완성되어 가면 인덱스가 정감을 머금어, 좋고 싫음을 중심으로 하는 평가 스키머가 발달하는 것을 알 수 있다. 평가 스키머가 완성되어 있어야 필요한 사항을 기억검색하는 일이 신속히 이루어질 것이다. 다시 말해서 최종적인 기억검색의 신속성이나 정확성은 평가 스키머의 형성 정도에 따라 정해지는 것이다.

평론을 읽고 거기에 감명을 받은 경우는, 평론가가 제시하고 있는 미적 판단을 자신의 것으로 받아들이게 된다. 확고한 방향이 없던 자신의 지식이 그 과정에서 평가의 색채를 띠기 시작한다. 그럼으로써 코드에 평가적 인덱스가 부여되고, 코드 시스템에 평가 스키머가 부여되기 시작하는 것이다.

따라서 다른 사람의 평론에 접하는 것은 기억사상의 코드를 증대시키는 면은 약해도, 코드 시스템의 일관성이나 평가 시스템의 일관성을 높이게 된다.

3. 감정이입을 한다

평론을 읽는 것은 평론가의 평가 시스템을 자신의 것으로 받아들여 배우는 과정이었지만, 그렇게 학습한 평가 시스템을 의식적으로 잊고, 자신의 눈으로 다른 사람의 작품이나 연주를 발견하는 것이 도움이 된다. 그 때의 키워드는 감정이입이다.

행위자의 입장이 되어 여러 가지 모습을 떠올려본다.

풍경 수채화라면 마음속으로 자신이 그 풍경 속에 서 본다. 그림에는 그려져 있지 않지만 바람의 따뜻함이나 차가움, 공기의 냄새 등을 떠올려본다.

바둑이나 장기라면 절묘한 묘수(妙手)를 둔 순간의 뛰어오를 듯한 환희나, 불필요하게 잘못 둔 악수(惡手)로 그때까지의 노력을 물거품으로 만들고 중요한 대국을 놓쳐버린 부끄러운 감정을, 그 대국자의 입장이 되어 떠올려본다.

그와 같이 감정이입을 해보면 평론가의 입장에서는 높은 평가를 얻지 못할 수도 있는 작품이 자신에게는 매력적으로 느껴진다거나, 또는 그 반대가 되기도 하는 일이 벌어진다. 그렇다면 그 일은 현시점에서 자신에게는 모두 사실이므로, 양쪽을 그대로 존중하여 기억에 담는다. 그리고 이른바 규범적인 평가 스키머와 다른 평가 스키머를 자신이 가질 수 있었던 것에 우선 기뻐한다.

마침내 감정이입 외에도 자기 자신의 사고방식을 발견하게 된다. 장기가 상급에 이른 사람은 일반적으로 '형세호각(形勢互角)'이라고 하는 다양한 국면에 대해, 선수(先手)가 좀 낫다거나 후수(後手)가 좀 낫다고 판단하는 나름대로의 판단 시스템을 가지고 있다. 악기 연주나 도예에서도 마찬가지다.

그와 같은 모방이 아닌 자기 스스로 판단할 수 있는 것이 중요한데, 그 첫걸음이 바로 감정이입이다.

4. 암기 암송을 많이 해본다

이것은 기능에 따라, 말 그대로 가능한 것과 그렇지 않은 것이 있다. 가능하지 않은 것에 대해서는 여기서 제시하는 원칙에 따라 단련방법을 응용해보는 것이 좋다.

영어실력을 숙달하려고 할 경우에도, 다소 길고 유명한 글을 되도록 통째로 외어본다. 또는 단어 수가 5000개 정도 되는 암기용 단어집을 사서 전부 외우는 노력을 해본다. 중학교 교과서용 영한사전은 1만 단어 정도 되지만, 외우려고 해보면 의외로 대단한 일은 아니다.

어쨌든 많은 암기를 해보는 것이다.

이 단계까지 오면 중심이 되는 특기가 있고 조감적 인지가 있으며, 코드나 코드 시스템도 어느 정도 정리되어 있다. 암기를 위한 장치가 정리되어 있는 것이다.

여기까지 오면 대량암기도 사실은 의외로 간단하다는 것을 발견하게 된다.

또, 대량암기는 워킹 메모리에서 장기기억의 형성을 일상적으로 재촉하기 때문에 그것을 촉진하기 위한 조건, 즉 코드나 코드 시스템, 평가 시스템, 의욕 등을 간접적으로 강화한다.

이러한 대량암기 기간은 사람에 따라, 대상에 따라 1달에서 1년 정도까지 다양하겠지만, 이 시기를 거쳐 여러 가지 것들이 안정을 찾게 된다. 그 안정은 첫째로 근간이 되는 부분의 지식이 늘고, 둘째로는 암기 과정에 의해 이와 같은 인지 시스템이 단련되는 것이다.

흔히 통째로 암기하는 것은 도움이 되지 않는다는 말이 있다.

그것은 코드나 코드 시스템의 형성 정도를 도외시한 말이다.

코드나 코드 시스템이 충분히 형성되어 있지 않은 초기 시점에서의 대량암기는 그다지 도움이 되지 않을지도 모른다. 그것은 암기한 사상이 충분하게 코드화되어 있지 않고, 코드 시스템도 충분히 기능적인 형태로 자리잡혀 있지 않기 때문이다. 그러므로 대량의 지식이 습득되어도 검색을 위한 단서 등이 충분히 형성되지 않아 활용성이 떨어지는 지식이 되어버릴 우려가 있다. 하지만 코드나 코드 시스템이 충분히 형성되고 나서 대량암기로 흡수된 지식은 활용 가능한 지식이 되므로, 도움이 되지 않는 일은 없다.

또, 이 단계까지 기능이 순조롭게 향상되어 온 사람의 경우는 점차 그 기능에 대한 애착이 깊어지고 정열이 강해짐으로써, 도움이 되고 안 되는지에 대한 계산을 떠나 자연스럽게 외우고 싶은 기분이 든다.

잠시 대량암기를 해보면 그런 기분이 드는 것을 실감할 수 있을 때가 있다. 그런 실감이 든다면 그에 따라 밀고 나가는 것이 좋다.

그리고 이 과정에 의해 그 기능은 자신의 인생이나 생활가치관 속에서 확실한 위치를 차지하게 된다. 말하자면 그 사람의 삶의 일부가 되어가는 것이다.

5. 마라톤식 단련을 한다

마라톤식 단련에 대해 생각해봐야 할 시기이다.

영어회화라면 1주일쯤 영어만 쓰고 우리말을 쓰지 않는 환경을 만들어본다.

장기라면 1박2일 정도의 대회에 나가본다.

조깅이라면 풀 마라톤이나 하프 마라톤에 나가본다.

이와 같은 기회는 직접 만들어도 좋지만, 여러 모임에 참가하면서 얻을 수도 있다.

그런 기회를 골라 도전해본다.

이러한 마라톤식 단련은 너무 이르지 않은 시기가 좋다. 너무 이르다고 망설여진다면 시기를 맞추는 편이 좋은데, 그 이유는 다음과 같다.

시기가 너무 이르면 기능이 완성되지 않은 상태이므로 나쁜 버릇이 굳어져버릴 수 있다.

예를 들어 영어회화는 너무 초기부터 긴 시간을 하는 것은 좋지 않다. 회화에서는 전치사 따위가 틀리더라도 실질적으로 그다지 문제시 되지는 않는다. 미국인을 상대로 대화를 하더라도, 상대방 역시 대화의 내용을 즐기고 있다면 문법적인 실수에 대해서는 고쳐주지 않는다. 그러면 잘못된 전치사나 잘못된 문법으로 말을 해도 일단은 통하게 되므로, 자신도 방심하게 되어 잘못된 상태로 굳어버릴 수 있다. 그 단계에서 1주일간 영어만 하는 경험을 한다면, 그 상태 그대로 기억에 고정되어 버린다. 장시간에 걸쳐 잘못된 기억이 자리잡으면 그것을 고치는 것만도 큰일이다.

따라서 이 마라톤식 연습이라는 것은 양날의 검과 같다. 하지만 좋은 시기에 이러한 연습을 하면 기능이 안정되게 자리를 잡아, 다음 단계로 발전할 준비를 할 수 있다.

6. 다소 비싼 도구를 산다

홍법(弘法:일본 헤이안 시대 초기의 스님이자 명필가. ― 옮긴이)은 붓을 탓하지 않는다고 한다. 정말로 실력 있는 사람은 하찮은 도구라도 멋지게 소화한다는 뜻이다. 그러나 실제로는 숙달이 도구에 의해 좌우되는 경우가 있다.

사진을 잘 찍고 싶다면 1안(眼) 리플렉스 카메라(렌즈에 입사되는 광선을 거울로 반사시켜, 흐린 유리 위에 영상을 비추어 핀트와 시야를 맞추는 방식의 카메라. — 옮긴이)를 사는 것이 좋다.

악기도 마찬가지다. 악기의 가격은 낮은 데서 높은 데까지 그야말로 폭이 넓다. 처음에는 그 악기를 좋아하게 될지 모르는 일이므로 적당히 싼 악기를 사는 일이 많겠지만, 본격적으로 해볼 생각인 경우에는 어느 정도 좋은 것을 사는 것이 바람직하다. 그 이유는 우선 소리가 다르다. 소리가 좋지 않으면 소리가 좋아질 수 있을 때까지 오래 연주하지 못한다. 다음으로는 표현력이 다르다. 중급에서 상급 수준 정도까지에 필요한 음악의 표현력을 최대로 할 수 있는 악기는 가격에 비례한다.

7. 독자적인 훈련방법을 생각한다

전부터 해오던 훈련방법이나 자신의 선생으로부터 물려받은 훈련방법을 기본으로 하면서도, 그것을 개선해보려고 노력하는 것은 훈련 자체 외에도 도움이 된다.

훈련방법을 생각할 때는 부분적인 확실한 목표가 있는 일이 많다. 바둑에는 초읽기라는 규칙이 있다. 전반에 우세하다가도 이 초읽기에 들어가고 나서 동요하거나 의문수를 두어 좋은 국면을 놓치는 일이 종종 있다. 그러므로 처음부터 제한시간 없이 한 수를 30초 안에 두어야 하는 규칙을 정해 연습시합을 하는 것이다. 그러면 의외로 질도 크게 떨어뜨리지 않으면서도 실력을 발휘할 수 있다. 이것도 특수 단련법의 좋은 예이다.

높이뛰기의 배면도(背面跳 : 높이뛰기의 기술에는 다리를 차례로 차올려 바를 넘는 정면도와 배 쪽으로 바를 넘는 복면도, 그리고 하늘을 바라보며 등 쪽으로 바를 넘는 배면도가 있다. ― 옮긴이)는 요즘이야 대부분의 선수들이 하고 있고 학교의 체육수업에서도 가르치고 있지만, 이것은 1968년의 멕시코 올림픽에서 우승한 포스베리가 처음 선보였던 자세다.

최근 수영에서 많이 쓰이는 연습법으로, 속도감만 먼저 실감할 수 있도록 해주는 방법이 있다. 선수의 몸을 로프로 연결시켜 놓고, 코스를 따라 크레인으로 끌어당기는 장치를 만든다. 이 장치를 이용해서 그 선수가 목표로 하는 시간 내에 끌어당겨 주는 것이다. 그럼으로써 자신이 목표로 하고 있는 속도로 나아갈 때의 물의 저항감 등 여러 가지 상황을 미리 경험할 수 있다. 이 방법을 도입함으로써 수영 훈련법은 획기적으로 발전했다고 한다. 지금은 일반화된 이 연습법도 처음에는 매우 특이한 방법으로 생각되었을 것이다.

필자가 직접 해보고 상당히 효과가 있었던 연습법으로, 영어 방송이나 테이프를 들으면서 1초쯤 뒤늦게 입으로 계속 따라하는 방법이 있다. 방금 전 들은 문장을 입으로 반복해서 따라하면서 귀는 다음 문장을 듣는 것이다. 단순한 일이지만 해보면 의외로 까다롭고, 귀로 들어온 영어가 곧바로 이해되지 않으면 도저히 입으로 따라하기 힘들다. 이 훈련으로 언어의 '자동처리'라고도 할 능력이 높아지고, 영어를 처리하는 두뇌 효율이 제법 좋아졌던 기억이 있다. 이제 와서 돌이켜보면 귀로 들은 영어를 재생산하는 행위와 다음 문장을 듣고 이해하는 행위를 동시에 해야만 하기 때문에, 워킹 메모리가 무거운 부담을 견딜 수 있게 되었을 것이다.

8. 특수 훈련법을 착상시키는 과정

중요한 것은 상급자가 되어갈수록 특수 훈련법이나 나름대로 연구한 훈련법을 스스로 생각해내게 된다는 것이다. 그것은 자기 자신의 능력에 대한 통찰이 세밀하게 이루어지기 때문이다.

이러한 특수 훈련법을 착상하는 것은 대체로 다음 세 가지 목적 중 하나를 깨달았을 때이다.

(1) 자신의 기능을 부분적으로 강화한다.
(2) 자신의 부분적인 한계를 확인한다.
(3) 통찰력을 얻는다.

상급자는 중급자에 비해서 자신의 기능에 대해 좀더 분절된 인지를 가지고 있다. 자신의 기능의 전체적 수준에 만족할 수 없을 때, 중급자라면 단순히 '노력이 부족하다'는 정도의 인식으로 전체적인 노력을 강화하거나 연습량을 늘리는 정도로밖에 생각하지 못하지만, 상급자라면 부분적인 기능 강화에까지 생각이 미친다. 그 중에는 중급자나 그 기능을 잘 모르는 사람들 눈에 이상하게 비치는 일조차 있을지도 모른다.

상급자가 자신의 약점이 되고 있는 부분적인 기능 부족을 다른 부분의 기능 숙달로 보충하려고 할 때, 그 약점이 정말로 개선하기 어려운 것인지 제대로 확인해야 할 때가 있다.

예를 들어 바둑에서는 '수를 읽는다'고 하는 것이 부분적인 기능 중 하나이지만, 몇 수 앞까지 어느 정도의 시간 안에 또렷이 떠올려 '읽을'

수 있는가에는 상당히 큰 개인차가 있다. 따라서 도무지 그 속도가 숙달되지 않는다면, 다른 기술로 그것을 대신해야만 한다. 대국관(大局觀)이라는 국면을 종합적으로 평가하는 기능이나, 수 분할계산 기능 등에 충실해야 한다. 또, 읽기 기능이 중요해지는 대전 형태를 피하는 연구도 필요하지만, 그러한 조정을 하기 전에 정말로 읽기 능력이 더 이상 오르지 않을지 나름대로 확인하는 것이 중요하다. 그리고 특수 훈련법에 의해서도 읽기 능력이 오르지 않을 것으로 확신할 수 있다면, 자신의 레퍼토리를 자신 있게 변경할 수 있게 된다.

이처럼 특수훈련을 해봄으로써 자신의 기능의 질이나 개인차에 더욱 깊은 통찰력을 가질 수 있고, 동시에 다른 사람의 기능이나 혹은 그 기능 자체의 성질도 두루 살필 수 있다. 이러한 통찰은 광범위한 지식과 정밀연습에 의해 단련된 그 사람의 기능관(技能觀)에 새로운 깊이를 더해줄 것이다.

9. 독자적인 훈련에서 기본훈련으로 돌아온다

음악을 배울 경우, 솔페즈(solfege)라는 것을 꼭 한 번은 배우게 되어 있다. 솔페즈란 악기 없이 악보를 보고 음표에 따라 노래를 부르는 연습이다. 그 솔페즈 교본을 보다 보면 피아노곡을 비롯한 어떤 기악곡에도 없을 것처럼 보이는 부자연스런 멜로디와 리듬이 많다. 그것은 악보 읽는 능력을 다른 능력과는 상관없이 끌어올리겠다는 의도를 가진 연습곡이 많기 때문이다. 본서의 관점에서는 이것도 특수훈련의 하나라고 생각한다. 솔페즈를 함으로써 음악의 기본을 훨씬 쉽게 익힐 수 있다는 점 때문에 전부터 이것을 연습하게 된 것이다.

스모 선수가 한 발을 힘있게 높이 쳐들었다가 땅을 치는 가장 기초적인 훈련도, 그것을 하고 있을 때 머릿속으로 무슨 생각을 하고 어떤 이미지를 그리고 있는가에 따라 풍부한 내용이 되는가 하면 부족한 내용도 된다는 이야기를 들은 적이 있다.

10. 아무것도 하지 않는 시기를 살린다

"수영은 겨울에 늘고 스키는 여름에 는다"는 말이 있다. 아무것도 하지 않는 사이에 스키머가 정리되고 숙달된다는 의미이다. 상급자가 되면 아무것도 하지 않는 시기가 오히려 필요하다는 것을 점차 이해할 수 있게 된다.

수면은 머릿속을 정리하는 귀중한 시간이다. 일반적으로 꿈을 꾸는 것은 낮에 축적된 정서적인 갈등을 처리하기 위해서지만, 그 밖에 선언형 지식이나 수속형 지식도 정리하고 있다. 그럼으로써 스키머의 일관성이 높아지는 것이다.

오랫동안 훈련해온 기능도 잠시 훈련을 쉬었을 때 훨씬 더 매끄러워지는 느낌이 드는 수가 있다. 대개는 지금 현재의 코드 시스템과 스키머, 습득 혹은 변해가고 있는 코드 시스템이나 스키머의 갈등을 충분히 의식할 수는 없지만, 자각할 수 있을 때가 있다. 그 밖에 슬럼프에 접어들고 있을 때도 그러하다.

그러한 경우 과감히 아무것도 하지 않는 시기를 만드는 것도 상급자의 특징 중 하나이다.

심리학적으로 휴식의 효과가 충분히 밝혀졌다고는 할 수 없다. 그러나 심리적 포화상태를 누그러뜨리는 외에, 스키머나 코드를 정리하여 일관성을 높이는 긍정적인 효과가 있음을 경험으로 엿볼 수 있다.

제2부
슬럼프 극복의 법칙

제1장 노력의 대가가 돌아오지 않을 때의 고민
— 슬럼프

슬럼프의 자각

고수가 되기 위해 열심히 노력하는데도 고수는커녕 오히려 기량이 떨어지고 있다고 느끼는 경우가 있다. 이럴 때 사람들은 슬럼프라는 것을 깨닫는다.

슬럼프는 어느 수준의 기량에 도달한 사람에게 반드시 덮치는 불청객이다. 어떤 경지에 이르고자 노력하는데도 좋은 결과로 이어지지 않고, 노력하면 할수록 오히려 방해가 되는 듯한 기분이 든다. 여기까지 순조롭게 왔고 숙달을 위한 비결이나 연습 방법을 알고 있다고 생각했는데, 지금까지와 같은 노력으로는 아무래도 향상되지 않는 것 같다. 아니면 지금까지의 직관이 잘못되었던 것이라고 밖에 생각되지 않을 만큼 '감이 빗나간다.'

이러한 현상이 계속될 때 우리는 슬럼프를 자각한다. 그리고 출구를 찾지 못해 괴로워한다.

슬럼프가 찾아오면 매우 힘들다. 그것은 주로 다음과 같은 두 가지 이유 때문이다.

첫째는 노력의 대가를 받는다는 느낌이 들지 않기 때문이다.

둘째는 어떻게 슬럼프에서 벗어날지 모르기 때문이다.

정체기와 슬럼프 ― 정체와 후퇴

다음의 그림을 보기 바란다. 이것은 기능이나 지식의 습득을 도식적으로 나타낸 그림으로, 심리학에서 '숙달곡선'이라 부르는 것이다.

이것을 보면 알 수 있듯이 숙달은 연습량이나 연습기간에 비례하여 조금씩 진보하는 것은 아니다. 숙달될 때에는 폭발적인 속도로 올라가는 반면, 아무리 연습을 해도 전혀 숙달되지 않는 정체기가 있다. 이 정체기를 학습심리학에서는 '플래토(plateau)'라 부른다. 플래토란 고원을 말한다. 숙달곡선을 지형 단면도에 비유했을 때 정체기가 고원처럼 보이는 데서 붙여진 이름이다.

플래토와 슬럼프는 다르지만 본인으로서는 그러한 구별을 하기가 쉽지 않다. 하지만 플래토와 슬럼프가 다른 것은 명백히 인식해둘 필요가 있다.

플래토는 정체이지 후퇴가 아니다. 아무리 노력해도 빠져나올 수 없는 긴 정체기도 많지만 후퇴는 아니다. 대부분의 경우 겉으로 드러난 성장은 볼 수 없다 해도 하나하나의 재능이 확실히 자리를 잡아간다거나, 재능과 관련된 스키머(인지의 틀)가 안정되는 식으로 잠재적인 성장이 서서히 진행되고 있고, 다음의 비약을 위한 준비가 이뤄지고 있을 때도 많다. 연습이 성장으로 이어지지 않는 것이 본인에게는 큰 불안을

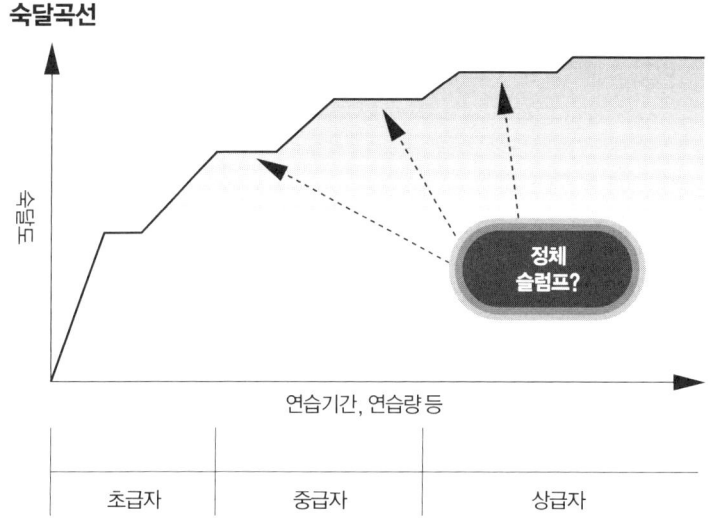

낮고 성장하지 않는 것을 '슬럼프'라고 한탄할 수도 있지만 슬럼프와는 다르다.

슬럼프는 기능이 후퇴하는 것을 말한다. 연습량이 떨어지면 기능도 떨어지는 것이 당연하지만, 연습량이 떨어지지 않은데도 기능이 후퇴하는 것이 슬럼프다. 슬럼프에 빠지면 때때로 연습을 하면 할수록 오히려 마이너스가 되는 일이 있어, 그것이 한층 더 본인을 괴롭힌다.

일정 수준의 기능에 도달한 사람은 반드시 연습을 중시하는 생활습관과 가치관이 몸에 배어 있다. 일정한 연습을 함으로써 기능을 유지할 뿐 아니라 정신의 안정도 유지되는 듯한 마음의 리듬이 몸에 배어 있는 것이다. 그래서 그 수준까지 올라올 수 있었다고도 생각할 수 있다. 과장되게 말하자면 '연습에 대한 신앙'과 같은 믿음을 가지고 있다.

그런 사람에게 연습이 오히려 나쁜 결과를 초래할지도 모른다는 불안은 참기 어렵다.

이러한 노력 불신이 슬럼프가 주는 괴로움의 본질이다.

슬럼프에 빠지는 계기

슬럼프에 빠지는 계기는 다양하다. 패배나 목표 달성의 실패가 슬럼프의 계기가 되는 일은 물론 많다. 하나의 실패 자체도 큰 손실이지만, 실패가 슬럼프까지 부르게 되면 결국 실패의 대가도 크다고 해야 할 것이다.

우스운 일이지만 성공이나 지나치게 좋은 컨디션이 슬럼프의 계기가 되는 일도 많다. 그저 우쭐해지고 자만심에 빠지거나 방심을 하는 단순한 일이 아니라, 성공이 계기가 되어 본격적인 슬럼프에 빠지는 수가 있다.

다른 사람의 경험은 그다지 참고가 되지 않는다

숙달의 과정은 개인차가 크고 다양하지만, 슬럼프에 빠지는 과정은 더욱 다양하고 저마다 다르다. 그러므로 어떻게 해야 지금의 슬럼프에서 벗어날 수 있을지 좀처럼 알 수가 없다. 슬럼프를 몇 번 경험한 사람도 그때마다 슬럼프의 구조가 다르므로, 자신이 지금 직면해 있는 슬럼프를 어떻게 벗어나야 좋을지 전혀 모를 때가 많다. 무엇을 어떻게 생각해야 좋을지 알 수가 없는 것이다.

슬럼프로 괴로워하는 사람에게는 다른 사람의 경험도 그다지 참고가 되지 않는다. 슬럼프의 과정이 매우 다양하기 때문이다.

왜 감은 빗나가는 것일까

슬럼프는 매우 다양해 그 자체가 그 사람의 기량을 나타내는 개성이라고 생각해도 좋을 정도다. 더구나 같은 사람이라도 슬럼프를 경험할 때마다 그 경우가 전혀 다르다. 기량이 향상되면 슬럼프의 구조에도 성장이 일어나기 때문이다. 그런 만큼 프로페셔널도 슬럼프에 빠지면 괴롭기는 마찬가지다. 이전에 겪었던 슬럼프의 경험이 직접적으로는 도움이 되지 않기 때문이다.

이 책에서는 슬럼프를 하나의 구조로서 이해하는 방법을 전하려고 한다. 그 구조를 이해할 수 있다면 그에 따라 자신의 슬럼프에 대한 처방전을 만들어낼 수 있다고 생각하기 때문이다.

슬럼프의 구조를 이해하기 위한 단서의 하나가 '스키머'이다.

기량이 높은 사람이 슬럼프에 빠졌을 때 '감이 빗나간다'는 말을 자주 한다. 이 빗나간다고 느껴지는 현상을 '스키머의 이상(異常)'으로서 생각하는 것이다.

큰 시합에 패하더라도 자신의 패인(敗因)을 알고 있다면 감은 빗나가지 않는다. 큰 시합에 패함으로써 그때까지 자신이 품고 있던 스키머에 대한 확신을 잃거나 스키머가 변해버리면 '감이 빗나가는' 현상이 발생한다.

스키머를 하나의 단서로 삼아 슬럼프의 구조를 이해해보자.

스키머(인지의 틀)의 빗나감과 수정

간단한 예를 들어보자. 쓰레기통에 쓰다 망친 편지지를 구겨서 던져 넣는다고 하자. 대부분의 경우 어느 정도의 강도로 던지면 쓰레기통에 잘 들어갈지 예측해 던져 넣을 수 있다. 그것은 이 동작에 대한 스키머가 있기 때문이다.

'감이 빗나간다'는 것은 슬럼프의 대표적인 자각 증상의 하나다. '감이 빗나간다'는 것은 사실 이 스키머의 이상 상태를 말한다. '감이 빗나가는' 현상도 비슷한 것이 아니라 몇 가지의 경우가 있다. 감이 빗나갔을 때 그것을 본래대로 회복하는 것이 항상 좋은 방법이라고는 할 수 없다. 빗나간 감을 버리고 새로운 '감'을 조성하는 것이 좋을 때도 많다.

자아관여(의욕, 동기)의 변용

슬럼프의 또 하나의 구성요소는 자아관여(의욕, 동기)의 변용이다. 자아관여란 간단히 말해서 열의(熱意)의 정도를 의미한다. 의욕이 낮아짐으로써 슬럼프에 빠지는 일도 있지만, 슬럼프가 계속됨으로써 싫증이 나서 낮아질 때도 많다.

스키머의 이상이 곧바로 해소되면 의욕의 저하도 해소되는 일이 많지만, 의욕이 낮아지면 슬럼프에서 벗어나고자 하는 기력이 솟지 않을 때가 많다. 그러면 스키머의 이상도 정확하게 판단할 수 없게 된다.

또, 의욕이 저하되어 있으면 스키머의 이상을 알더라도 어려움을 극복할 만한 기력을 얻지 못할 수도 있다. 따라서 슬럼프를 극복하기 위해서는 스키머의 문제와는 별도로, 의욕의 문제를 처리해야 할 때가 적지 않다.

본서에서는 슬럼프에 따르는 의욕의 변용에 어떻게 대처해야 좋을지에 대해서도 자세히 살펴보고자 한다.

슬럼프의 극복은 새로운 경지를 낳는다

본업과 직접 관련된 기능이라면 슬럼프로부터 도망칠 수는 없으므로, 평생 몇 번을 만나더라도 그것을 극복할 수밖에 없다. 그리고 슬럼프를 벗어날 때마다 새로운 경지를 얻을 때가 많다.

우선 심리적인 자신감을 얻을 수 있다.

다음은 기능을 한층 비약시킬 수 있다. 슬럼프를 극복하기 위해서는 기능에 대한 기초적인 기술을 확실히 다져놓아야 할 때가 많다. 그러므로 슬럼프를 극복한 뒤에는 각 기술의 안정성이 높아진다. 그것이 넉넉한 자신감을 안겨준다.

또, 슬럼프를 극복하는 과정에서 스키머의 차원이 높아질 때가 많다. 차원이 높아지면 그 기능의 주변에서 '사물을 보는 관점'이 한층 고도로 성장한다.

겸허함과 자신감의 양립

슬럼프를 극복하는 데서 오는 이점은 특정 기능에 머물지 않는다.

큰 슬럼프를 극복한 사람은 평온하게 사실을 수용하며 자연스러운 자신감을 몸에 지니게 된다. 그러한 사람은 우선 슬럼프가 다양한 형태로 찾아오는 것을 알고 있다. 자신의 기량이 지금은 충실한 상태라도 언제 어느 때 어떤 일을 계기로 슬럼프가 다시 찾아올지 모른다는 것을 알고 있다.

그것을 알고 있기 때문에 자신의 기량에 겸허해진다. 또, 슬럼프가 다시 찾아오더라도 그것을 분명히 극복할 수 있고, 그 극복의 과정에서 얻어지는 것이 있을 거라는 사실도 알고 있다. 그러한 의미에서 자신감이 안정되어 있다. 즉, 슬럼프의 극복을 통해 비로소 자신의 기량에 대한 겸허함과 자신감이 아울러 갖춰지는 것이다.

슬럼프를 극복한 사람은 기량이 더욱 깊어지고, 그 깊어진 기량만큼 안정된다. 또, 훗날 후배를 키우는 코치와 같은 입장에 섰을 때 그 통찰력은 소중한 보물이 된다.

직업으로든 취미로든 이처럼 탄력적인 자존심이라고도 해야 할 여유가 슬럼프의 부산물 중 하나라고 생각한다.

제2장 슬럼프의 8가지 외적 요인
—— 종류와 구조

  자신이 슬럼프에 빠졌을지도 모른다고 생각할 때 우선 중요한 것은 정말로 슬럼프인지를 정확히 판단하는 일이다. 슬럼프인지 모르는 채 같은 연습을 반복하는 것도 좋지 않지만, 슬럼프가 아닌데도 슬럼프라고 생각하면 그로 인해 모처럼 만들어진 자세가 망가지게 된다.
  따라서 정말로 슬럼프인지를 확인할 때는 슬럼프가 어떤 형태에 속하는지 되도록 상세히 검토하고 나서 판단하기 바란다.

1. 생리적 · 신체적 조건의 변화와 불일치

  슬럼프 여부를 확인할 때, 생리적 조건이 맞지 않는 것은 아닌지 우선 체크해봐야 한다. 특히 성장과정에서 체격이 급격히 변할 때는 이것을 생각해볼 필요가 있다.
  처음 농구를 시작했을 때는 키가 큰 편이었지만 자신의 성장은 둔화되고 주변 사람들은 빨라짐으로써, 신장의 상대값의 미묘한 변화가 이상의 원인이 된 경우는 많이 있다.

몸이 너무 커지는 바람에 장거리 달리기에 불리해진 예도 그 중 하나이다.

시력의 변화는 여러 가지 일에 영향을 미치는 요소다. 테니스를 치다가 아무래도 컨디션이 좋지 않다고 생각했는데 알고 보니 시력이 떨어지고 있었다는 이야기는 자주 듣는 편이다.

생리적 조건의 불일치가 일어나고 있을 때 그것을 바로잡지 못하면 그 활동 자체를 중지하게 될 가능성도 있다.

2. 저해요인이 되는 활동

저해요인이 되는 일을 하면서도 그것을 충분히 깨닫지 못해 슬럼프에 빠지는 일이 의외로 많다.

그냥 지나치기 쉬운 것이 담배의 해악이다. 담배가 지구력이 필요한 운동에 부적합한 것은 말할 것도 없다. 달리기 등에서 갑자기 뒤처지게 된 선수를 조사해보면 담배를 피우는 사실이 드러나는 경우가 많다.

담배가 목관악기나 금관악기의 연주에 영향을 미치는 것은 당연한 일이다. 때로는 처음부터 담배를 피우고 있었으나 초보자일 때는 전혀 그 해를 깨닫지 못하고 넘어가다, 중급 수준에 오르고 나서 그 해가 나타나는 수가 있다. 단순한 예를 들자면 입술 단련이 부족해 플루트의 소리가 깨끗이 나지 않을 때는 담배의 해가 드러나지 않지만, 깨끗한 소리가 나오게 되면 숨이 차서 그 소리를 유지할 수 없게 되므로 담배의 해가 겉으로 드러나는 것이다.

불세출의 장기기사로 불리는 고(故) 오오야마 야스하루 15세 명인이 골프에 재미가 붙자마자 갑자기 그만둬버린 일은 유명한 일화로 남아 있다. 왜 그만두었느냐고 묻자, "골프를 하면 기분이 너무 좋다. 그렇게 기분 좋은 것을 하다 보면 실내에서 가만히 장기판을 들여다보며 생각하는 일은 힘들어서 못하게 될 것 같았다"라고 대답했다.

이런 종류의 영향에는 개인차가 있다.

조용히 자신의 슬럼프 상태를 응시하며 무엇이 저해요인이 되는지 차분히 검토해보는 것이 필요하다.

3. 단순한 피로(생리적·신체적 피로)

슬럼프라는 생각이 들 때 우선 고려해봐야 할 것은 생리적 피로에 지나지 않을 가능성은 없는가 하는 점이다. 실제로 복잡한 원인만 찾다보면, 단순한 생리적 피로를 간과하고 있을 가능성은 얼마든지 있다.

스포츠 선수들은 평상시 육체적인 피로나 근육의 피로를 가볍게 넘기도록 스스로 훈련해 오고 있다. 그래서 그런지 생리적인 피로를 대수롭지 않게 넘긴다.

스포츠의 경우 말고도 뜻하지 않은 생리적 피로를 떠안고 있는 수가 있다.

기타 연주의 경우는 왼팔에 상당한 피로가 쌓이고, 피아노 연주도 등에서 허리까지의 부담이 매우 크다. 일반적인 학습의 경우도 보통 허리에 부담이 많이 가고, 눈의 피로 또한 무시할 수 없다.

이러한 생리적 피로를 발견하기 위해서는 연습 직후와 연습하고 거의 48시간 정도 지났을 때의 신체 감각을 본인이 자주 점검하는 것이 좋다.

또 한 가지 방법은 일주일쯤 연습의 간격을 두어 보는 것이다. 일주일이 지나면 컨디션이 좋지 않거나 불안을 느낄 때도 있는 반면, 왠지 모르게 상쾌하고 몸이 가뿐하게 느껴질 때가 있다. 그 차이가 뚜렷하다면 생리적 피로 때문일 가능성을 생각하는 것이 좋다.

신체적 피로일 가능성이 있을 때는 잠시 몸을 쉬게 해준다. 그럼으로써 회복되는지 살펴본다.

4. 질린다(심리적 포화) — 긍정적 휴식이라는 대응책

심리적 포화는 흔히 말하는 '질리는' 현상이다. 이것도 기능의 성장이 멈추는 큰 원인의 하나이다.

예로부터 우리의 훈련 풍토에서는 심리적 포화를 태만과 유사한 것으로 간주하여 이른바 근면성으로 극복하려고 하는 경향이 뚜렷했다. 그 때문에 심리적 포화를 슬럼프의 원인으로 인정하기 어려운 면이 있었다.

하지만 심리적 포화는 자연스러운 현상으로 죄의식을 느껴야 할 것은 아니다. 따라서 심리적 포화가 강할 때에는 되도록 빠른 시기에 나름대로 대응하는 것이 좋다. 심리적 포화 상태에서 단련을 계속하면 자세가 망가지거나 나쁜 영향을 미치기 때문이다.

심리적 포화일 가능성을 느낄 때에는 우선 몸의 피로를 치유해본다. 피로 회복과 함께 심리적 포화도 사라지는 경우가 많다.

그래도 포화감이 남아 있다면 심리적 포화일 가능성을 본격적으로 생각해봐야 한다.

일단 몸의 피로가 회복되더라도 다음 휴식이 필요해지기까지의 시간적 간격이 점차 좁아질 수 있다. 그럴 경우도 심리적 포화일 가능성을 생각해봐야 한다.

심리적 포화에 대처하기란 쉬운 일이 아니지만, 원칙은 긍정적인 휴식이다. 긍정적인 휴식이란 아무 것도 하지 않고 단지 머리와 몸을 쉬게 해주는 휴식(부정적인 휴식)이 아니라, 다른 종류의 일을 적극적으로 하는 것을 말한다.

전혀 다른 종류의 일을 하는 것이 긍정적인 휴식이 되는 경우와 어느 정도 비슷한 일을 하는 것이 휴식이 되는 경우가 있다. 이미 탁구를 배운 사람이 새로 테니스를 시작하면 탁구의 자세가 테니스의 영향을 받는다.

반면에 유사한 일을 하면 지적으로 깨우치게 되는 일이 있어 심리적 포화가 단숨에 해소되기도 한다.

5. 예상 밖의 실패와 좌절

슬럼프의 원인이나 계기 가운데 패배나 실패가 원인으로 지목되는 경우가 많다. 특히 예상 외의 실패가 슬럼프를 낳는 일이 많은데, 거기에는 이유가 있다.

예상치 못했던 실패나 패배는 그때까지 자신의 기능에 관해 합리적이라 생각했던 믿음을 뒤엎어버린다. 그것은 단순히 자신감만 잃는 것이 아니다. 기초기능(하위기능)의 협조와 동조, 기억검색의 정확성, 장기기억 코드나 코드의 구조인 스키머 등에 대한 신뢰성이 미묘하게 떨어지는 것이다.

이런 종류의 슬럼프는 평소의 노력으로 어지간히 막을 수 있다. 평소의 노력이란 정확히 반성하는 것이다. 패배 뒤에 무턱대고 분해하거나 충격을 받는 것이 아니라 무엇이 원인이었는지 되도록 빠른 시기에 확실히 인식하는 것이 중요하다.

그 때 주의해야 할 것은 하위기능 가운데 문제가 되는 기능은 무엇인가 하는 부분을 정확히 가려내는 것이다.

이러한 반성이 지나치면 패배로 인한 슬럼프의 가장 큰 원인이 된다. 과잉 반성은 해가 된다. 기초기능에서 바꾸지 않아도 될 것을 바꾸어버리면 장점이나 중요한 재능을 바꿔버리는 셈이므로 나빠지는 것은 당연하다.

다음에 실패의 원인과 관련된 부분을 되도록 따로 지정해서 즉, 좁은 범위로 끌어내본다. 여러 가지의 문제점이 발견된 경우는 그 모든 것을 동시에 개선하려 하지 말고 하나씩 바꿔가며, 가능한 최소한의 변경으로 회복될 수 있도록 주의하는 것이 중요하다.

6. 예상 밖의 성공과 승리

예상 밖의 성공과 승리가 얼마 뒤에 슬럼프의 진짜 원인으로 밝혀지는 경우는 흔히 있는 일이다. 예상 밖의 실패보다는 예상 밖의 성공을 더 조심해야 한다. 왜냐하면 예상 밖의 승리는 대부분 평소와 다른 하위기능이 여러 개 있어 우연히 그것을 도와줌으로써 발생된 일이기 때문이다. 그러므로 예상 밖의 승리의 원인은 예상 밖의 실패의 원인보다 초점을 좁히기 어렵다.

더구나 승리를 결정지은 위닝 포인트는 그 당시의 느낌 등이 신선하게 신체적 기억으로서 남는다. 그리하여 달콤한 술에 취한 기분으로 그 기억 속의 느낌을 반추한다.

그 상태로 다음 실전을 맞이하면 평소의 기량을 발휘할 수 없다. 평소 몸에 새겨져 있던 기억도 예상 밖의 승리로 인해 부정확한 것이 된다. 이것이 슬럼프의 간접적인 원인이 될 때가 많다. 대개의 경우 이러한 과정에서 예상 밖의 승리 뒤에 예상 밖의 패배가 이어지고, 혼란 속에서 슬럼프로 빠져버리는 것이다.

이것을 막기 위해서는 예상 밖의 승리 뒤의 반성과 자세를 재정비하는 습관을 들여야 한다. 예상 밖의 승리 뒤에는 우선 그 승리의 요인을 생각하고, 그 요인에 이와 같이 그날만의 행동이 영향을 미치고 있는 것은 아닌지 잘 점검한다. 그리고 직접적인 승리의 요인으로 이어지지는 않았지만, 평소의 그 기초기능을 차분히 재학습해둔다.

7. 연습량의 변화

연습량의 변화가 슬럼프의 원인이 되는 일은 많다.

연습량이 적어진 경우는 이해하기 쉽다. 하지만 많아진 것이 슬럼프의 원인이 되는 경우가 많은 것도 사실이다.

연습량이 많아지면 피로나 심리적 포화가 회복되기 어려울 때가 있다. 그러나 특히 즐기면서 배우는 기능이라면, 그 즐거움 때문에 피로나 심리적 포화를 알아차리기 힘들 수가 있다.

피로를 느끼는 상태 그대로 연습을 하다 보면 자세가 미묘하게 망가지고 나쁜 버릇이 붙을 수도 있다. 또, 연습량이 많아지면 하나하나의 연습에 대한 집중력이 약해지는 면도 있다.

마지막으로 연습량을 늘리면 그로써 방심하는 일이 생길 수 있다. 연습의 양이 연습의 성과를 약속하는 것도 아닌데, 양을 늘리면 그 양에 심리적으로 의존하게 되는 면이 있다. 그러므로 하나하나의 연습으로 불러일으키는 이미지가 약해지기도 하여 미묘하게 저하가 드러나게 된다.

이유 없이 연습량을 늘리는 일은 주의해야 한다.

8. 생활 패턴의 변화

특히 직업적인 기능이 아닌 경우, 일상생활의 패턴에 변화가 있을 때 그것이 슬럼프의 원인이 될 수 있다.

전근으로 인해 아침이나 저녁의 연습시간이 바뀜으로써 그것이 슬럼프의 원인이 되는 일도 가끔 있다.

그 밖에 식습관의 변화나 음주, 끽연 습관의 변화 등도 한번은 깊이 생각해봐야 할 점이다.

제3장 슬럼프와 무기력의 관계

슬럼프로 인해 발생하는 학습성 무력감

 슬럼프의 대가는 여러 가지로 많지만, 그로 인해 학습성 무력감이라는 상태에 빠지는 것이 가장 큰 대가의 하나이다. 이번 장에서는 슬럼프와 학습성 무력감의 관계에 대해 대략적인 지식을 갖춰보고자 한다.
 무력감이란 의욕이 일지 않는 상태를 말한다. 연구자들 중에는 가벼운 울증(鬱症)과 같다고 생각하는 사람도 있다. 완전히 같다고 할 수 있을지에 대해서는 의견이 엇갈리지만, 울증과 비슷하다거나 또는 방치하면 울증으로 진행될 수 있다는 데 대해서는 대체로 이의가 없다. 학습성 무력감이란 무력감 중에서도 선험적 요소가 적고, 학습과정에 의해 일어나는 후천적인 것을 말한다.
 슬럼프에서 좀처럼 벗어날 수 없다면 이 학습성 무력감에 빠질 가능성이 있다. 학습성 무력감은 슬럼프에 의해 빚어지는 최악의 결과의 하나로서 여하튼 피하고 싶은 것이다.

전기충격과 개의 실험

학습성 무력감을 최초로 언급한 사람은 셀링먼(Selingman)으로 그는 다음과 같은 이론적 모델을 제시했다.

좁은 방에 개 한 마리를 집어넣는다. 벨이 울리면 방바닥에 강한 전류가 흘러 개는 전기충격에 의한 통증을 느낀다. 방은 낮은 칸막이에 의해 둘로 구분되어 있어, 벨이 울렸을 때 재빨리 다른 쪽 방으로 옮겨가면 전기충격을 피할 수 있다. 잠시 뒤 개는 이 원리를 이해하고 벨소리를 들으면 곧바로 칸막이를 뛰어넘어 곤경을 벗어나는 상황을 익힌다. 이것을 수반성(隨伴性) 학습이라고 한다. 수반성이란 "벨이 울렸을 때 방을 옮기는" 것과 "전기충격을 받지 않아도 되는" 것이 서로 따르는(수반하는) 것을 말한다.

이와 같이 일단 수반성 학습이 이뤄지면 방의 칸막이를 차츰 높여간다. 개는 노력해서 옆방으로 옮겨가려고 애쓰지만 칸막이가 어느 높이에 이르면 그것을 뛰어넘을 수 없게 된다. 처음 한동안은 무리를 해서라도 뛰어넘으려고 하거나 칸막이에 몸을 부딪쳐 가며 어떻게든 전기충격을 피하려고 한다. 하지만 마침내 포기하고 뛰어넘을 생각을 하지 않게 된다. 그러면 이제는 벨이 울려도 무표정하게 전기충격을 감내한다. 눈빛은 흐리멍덩해지고 인간의 무기력 상태와 흡사해진다. 이렇게 되면 이제는 칸막이가 낮아져 뛰어넘을 수 있는 상태로 돌아가더라도 반응이 없다. 뿐만 아니라 다른 일에 대해서도 학습의욕을 보이지 않게 된다.

이것이 학습성 무력감의 모델이다.

슬럼프와 관련해서 생각할 때 학습성 무력감의 요점은 다음과 같은 두 가지이다.

첫 번째는 학습적으로 즉, 누구라도 실패 경험에 의해 빠질 가능성이 있는 상태라는 것이다.

두 번째는 일반화될 가능성이 있다는 것이다. 즉, 하나의 하위기능으로 학습성 무력감이 성립하면 다른 기초기능으로, 나아가서는 기량 전체로 학습성 무력감이 확대되는 경향이 있다. 이것이 슬럼프와 밀접히 연관될 경우가 있다.

좀더 크게 생각하면 하나의 기능에 있어 학습성 무력감이 활동영역 전반에 걸쳐 확대될 가능성도 있는 것이다.

비수반성 학습

학습성 무력감이 성립하는 구조에서 중심 역할을 하는 것은 비수반성 학습이라고 생각한다. 개는 벨소리에 반응하여 칸막이를 뛰어넘으면 전기충격을 피할 수 있다는 것을 맨 처음에 배운다.

일단 수반성 학습이 성립한 뒤 아무리 노력해도 뛰어넘을 수 없게 되면, '뛰어넘는' 행동과 '전기충격을 피하는' 결과가 따르지 않는다는 것을 배운다. 이것이 비수반성 학습이다.

보통 학습은 일반화 되는 경향이 있다. 전기충격에 대해 성립한 비수반성 학습은 일반화 되어 모든 일에 대해 노력해도 도저히 안 된다고 느끼기 시작한다. 이것이 일반적인 학습성 무력감이다.

슬럼프에 의한 울증 상태

학습성 무력감에 빠지는 것은 다음과 같은 두 가지 조건이 갖춰졌을 때이다.

(a) 일단 먼저 수반성 학습이 성립될 것.

(b) 다음에 이어서 비수반성 학습이 성립될 것.

슬럼프에 빠진 상황은 이 두 가지 조건을 모두 충족시킨다. 따라서 슬럼프를 발단으로 하는 학습성 무력감이 우려된다.

슬럼프에 빠지는 과정은 이 두 가지 조건을 잘 만족시킨다.

슬럼프에 빠지기 전까지는 어느 정도 순조롭게 기능이 향상되고 꾸준히만 하면 숙달될 거라는 인식이 강화되어 있다. '하는' 행위에 '숙달되는' 결과가 따르는 것을 배운다. 즉, (a)의 수반성 학습이다.

그러나 일단 슬럼프에 빠지면 아무리 해도 향상되지 않는다. 슬럼프란 지금까지 해오던 노력이 통하지 않게 되는 상태다. 노력의 방향을 바꾸지 않는 한 출구가 보이지 않는 상태다. 그것을 깨닫지 못한 채 늘 해오던 대로 노력하고 결실을 맺지 못하는 사이클을 반복하다 보면, (b) 비수반성 학습이 성립되어 버린다.

그것이 일반화 되어 학습성 무력감에 빠지면 주관적으로는 울증에 가까운 느낌이 든다. 슬럼프의 영향이 인격 전체로 퍼져나가 일에서도 생활에서도 의욕을 잃게 된다.

네 가지 원인 — 능력 · 노력 · 난이도 · 운

똑같은 슬럼프라도 심리적인 상태는 저마다 다르다.

능력 · 노력 · 난이도 · 운의 관계

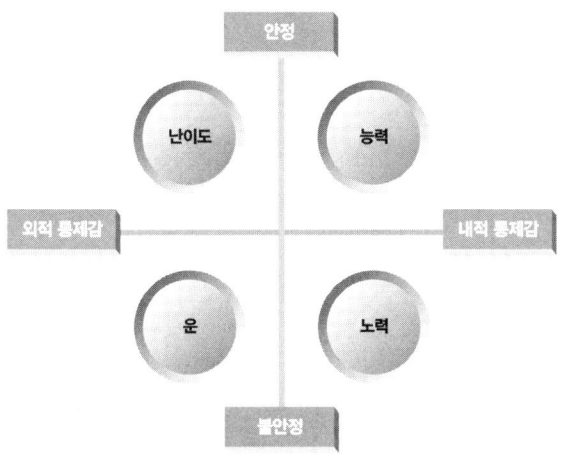

 어떻게든 슬럼프에서 벗어나 만회하려고 하고 의욕도 있지만 역효과가 날 것 같아 어떻게 해야 좋을지 모르는 것은 아직 학습성 무력감에까지 도달한 상태가 아니다.

 무엇을 해야 좋을지 생각할 기력조차 없고, 기능 이외의 일에까지 마음속에 근심이 가득 찬 느낌이 드는 것은 이른바 '무기력'의 상태로, 학습성 무력감이 생기기 시작할 위험이 있다.

 학습성 무력감 여부를 판별하는 자기진단은 어렵더라도 자신의 기능이 제대로 향상되고 있지 않는 원인을 ①능력 ②노력 ③과제의 난이도 ④운으로 나눠 생각해보는 것이 좋다.

 이 네 가지는 인지심리학의 선구가 된「달성된 행동의 원인 파악」이라는 연구에서 '와이너의 틀 짜기'라는 인지요소로서 알려져 있는 것이다.

와이너는 달성된 행동의 만족 여부는 인간의 인지가 '안정성'과 '통제감(統制感)'이라는 이차원으로 구성되어 있기 때문이라고 생각했다. 통제감이란 자신에게서 원인을 찾는 것으로, 자신에게 원인이 있는 것을 '내적', 자신 이외에 원인이 있는 것을 '외적 요인'이라고 한다.

능력은 내적이고 안정적인 요소, 노력은 내적이고 불안정한 요소, 과제의 난이도는 외적이고 안정적인 요소, 운은 외적이고 불안정한 요소이다.

지금 자신의 기능이 제대로 발휘되고 있지 않은 상태가 능력, 노력, 난이도, 운 중 어디에서 얼마만큼 비롯되고 있는지 원인을 생각해본다. 한 가지 방식으로서 전체의 합이 100이 되도록 원인에 해당하는 값을 이 네 가지 요소에 적용해본다. 그래서 능력과 노력에 대한 값이 낮아지고 있다면 학습성 무력감이 발생하고 있다고 생각해도 좋을지 모른다.

학습성 무력감은 노력 인지의 결여

앞서 살펴본 대로 학습성 무력감의 본질은 비수반성 학습이다. 비수반성 학습이란 달성할 과제에 대한 노력이 불합리할 만큼 낮아지는 것을 말한다. '아무리 해도 안 된다' '(해낼 수 있는 사람은) 노력하지 않아도 할 수 있다'는 것은 능력에 대한 의존도나 난이도가 지나치게 높은 상태다. 운에 대한 의존도가 너무 높을 경우에는 일의 결과를 진지하게 논리적으로 생각하려 하지 않는다.

노력에 대한 평가라는 인지행위는 본래 지적인 정보처리 과정이다.

자신의 노력의 높낮이를 지적으로 평가하여, 결과가 그 노력과 관련이 있는지 깊이 관찰함으로써 노력에 대한 파악이 형성된다. 관련 여부를 파악함으로써 수반성 또는 비수반성 인지가 성립하는 것이다.

비수반성을 학습하게 되면, 이 노력과 결과의 관련이라는 인지처리가 긴밀하게 이뤄지지 않아 말하자면 중도에서 그만두게 된다. 그것을 학습성 무력감이라고 하는 것이다.

학습성 무력감에 대한 대처법

학습성 무력감을 치료하는 데는 인지요법이나 원인 파악요법이 좋다고 한다.

앞서 와이너의 틀 짜기를 이용해 내적이고 불안정한(즉 변경 가능한) 요소에 대한 원인 파악이 커지도록 자신의 마음을 단련한다.

심각한 학습 부진아의 경우에는 어떤 행동을 달성시킨 다음 그 일의 결과가 나오면 "왜 지금 이렇게 되었다고 생각하나" "왜 지금 이렇게 되지 않았다고 생각하나"를 묻는 데서부터 치료가 시작된다. 거기서 능력이나 과제의 난이도, 운이 파악되면 정말로 그러한지를 되묻고, 노력이 부족하다면 점차 커지도록 이끌어가는 것이다.

그때 중요한 것은 수반성 인식을 자연스럽게 갖도록 해주는 것이다.

결과가 좋지 않았을 때는 노력이 다소 부족했던 점, 주의력(노력의 하나)이 불충분했던 점 등을 지적해준다. 그 지적을 듣는 동안 조금이라도 향상되면 자신의 노력으로 봐야 할 것이 있고, 결과가 불충분하면 노력했어도 누락된 부분이 있었음을 지적으로 이해하게 된다. 그러한 지적 판단의 소재를 능숙하게 제공하는 것이 곧 치료가 되는 셈이다.

슬럼프에 빠지고 그로 인해 학습성 무력감을 자각했을 때는 자신의 인지 스타일을 스스로 조정하여 수반성 인지를 되찾도록 노력해야 한다.

슬럼프에 빠졌을 때 자신의 힘으로 거기서 벗어나야 학습성 무력감도 예방되고 치료도 된다.

중도 포기는 인격의 폭을 좁게 한다

슬럼프 끝에 학습성 무력감에 완전히 빠져버리면 초조함이나 불안도 느끼지 않게 된다. 그 기능에 대한 집착이 저하되는 현상이 일어나고, 일반적인 것이 되어 버린 경우에 본인의 느낌으로는 일종의 평정한 마음의 상태가 되는 것 같다. 그러한 의미에서 학습성 무력감은 슬럼프가 가져오는 종착역 중의 하나일지도 모른다.

슬럼프가 오래 이어지면서 학습성 무력감이 생기기 시작할 때에는 특히 초조감이 강해지거나 갈피를 못 잡는 시기가 있기 마련이다. 거의 무의식적, 무의도적으로 수반성의 정도를 체크하는 시기이다.

그러한 시기의 무의식적 무의도적인 인지작업을 되도록 의식화하는 것이 바람직하다.

모든 슬럼프를 극복할 수 있다고는 단정할 수 없다. 슬럼프라고 느껴지는 것이 사실상 자신의 마지막 큰 정체기일 가능성도 있다.

그렇다면 당사자는 이 정체기에 머물 수밖에 없다는 판단을 스스로 냉정하게 내려야 한다. 그것이 자기 기량의 정지점이라는 것을 받아들여야 한다.

  솔직하게 자신의 기량이 다했음을 받아들인 사람은 좋은 코치가 될 수 있다. 그러한 사람은 종종 자신보다 나은 재능의 소유자에게 그 잠재력을 마음껏 발휘해 성장하도록 이끌어 줄 수 있다. 그러나 수반성에 대한 의심이 남아 있는 상태로 포기한 사람이 후진을 지도하면, 지도를 받는 쪽은 뭔가 미묘한 감정을 느낄 때가 있어 충분한 성장을 이룰 수 없다.

제4장 슬럼프의 내적 요인
── 기억과 인지의 마찰

1. 단기기억의 마찰

아이코닉 메모리(감각기억) 의 마찰

아이코닉 메모리는 이미 설명한 것처럼 '생생한 기억'을 그저 수백 밀리 초만 저장할 수 있는 기억을 말하지만 자세한 구조는 아직 정확히 알려져 있지 않다. 그러므로 아이코닉 메모리의 부족이나 이상(異常)이 슬럼프의 원인이 되는지에 대해서도 확실한 예측을 하기는 어렵다.

필자는 일반적으로 아이코닉 메모리 때문에 슬럼프가 일어나는 경우는 적을 거라고 생각한다. 아이코닉 메모리의 기능이 약해질 때는 보통 그 기능이 단기기억이나 워킹 메모리로 대체되고 있다고 보는 것이 타당하기 때문이다.

다만, 감각기관의 기능 저하로 인해 아이코닉 메모리가 영향을 받을 수는 있다. 시력이나 혀의 기능, 후각 자체나 미묘한 감촉을 분별하는 촉각 따위의 예민함이 주로 생리적인 이유나 나이가 들면서 또는 마모로 인해 약해지면서 아이코닉 메모리에 영향을 미칠 가능성은 생각할 수 있다.

따라서 술이나 물의 시음와 같이 아이코닉 메모리의 사용 비중이 큰 활동은 생리적 둔화의 영향을 받을 수 있을 것이다.

여기에 해당하는 경우는 생리적 둔화 혹은 마모의 원인이 되는 요소를 찾아 제거하는 일이 가장 필요할 것이다. 과중한 연습이 그 원인이 되고 있을 수도 있다.

아이코닉 메모리의 코드화 문제

아이코닉 메모리에서 단기기억으로 기억이 이동하기 위해서는 코드화가 필요하다고 이미 설명했다. 그러한 코드화가 불충분하면 아이코닉 메모리에 저장된 내용이 단기기억에 반영되지 않는다.

단기기억은 코드화 혹은 언어화된 정보로 7개 청크 이내의 것을 정보 처리할 수 있다. 단기기억에 잡히지 않은 자극은 워킹 메모리도 장기기억도 정보 처리할 수 없는 구조로 되어 있으므로, 아이코닉 메모리에 저장된 정보가 단기기억에 제대로 이행되는지는 매우 중요하다.

코드의 양적 부족

아이코닉 메모리에 잡힌 자극이 단기기억으로 이행되지 않는 원인은 몇 가지가 있다. 그 중에서 가장 단순한 것은 코드의 양적 부족이다. 언어로 말하자면 어휘가 부족하다는 것이다.

예를 들어 지금까지 한번도 맡아본 적이 없는 향신료의 냄새를 잠시 맡거나 처음 본 술을 마셨다고 하자. 이때 코드가 크게 부족하면 몇 초 뒤에 그 향이나 술맛에 대한 인상은 뇌리에서 사라져버린다.

정확하게 표현하지는 못하더라도 비슷하게 '떡볶이를 좀 맵게 만든 듯한 향' '나폴레옹 코냑에 약초를 섞은 듯한 맛'과 같이 비슷한 표현의 조합으로 일단 코드화 할 수 있다. 유사한 표현이라도 코드화가 이뤄지면 단기기억에서 처리하기 쉽고 인상에도 남는다.

코드의 양적 부족이 명확할 때는 그것을 의식적으로 늘리거나 또는 아직 코드가 붙어 있지 않은 것에 대해 나름대로 코드를 붙여감으로써 슬럼프를 넘길 수 있을 때도 많다.

2. 장기기억의 마찰

장기기억에 대한 입력 장애

장기기억이 형성되기 어려울 때 주관적으로는 '새로운 것을 기억할 수 없게 되었다'는 자각 현상이 일어난다. 또 '기억력이 나빠졌다'는 자각도 없이 장기기억의 형성이 늦어지는 일도 있다.

장기기억은 반복에 의해 형성된다. 반복과 관련된 것은 단기기억과 워킹 메모리다. 그 밖에 의욕이나 동기(자아관여)의 영향을 받는다.

하나는 집중력에 관한 습관의 변화로 발생하는 반복의 저하다.

이러한 습관 변화는 생활이나 연습태도의 변화에 의해 일어나는 수도 있지만, 마음이 해이해짐으로써 일어날 때도 많다. 해이해지는 내용도 다양하지만, 자신의 기억력에 대한 과신이나 방심을 하고 있을 때가 많다. 이러한 일은 그 사실을 깨닫고 깊이 실감하는 것만으로도 크게 개선된다.

또 하나는 동기나 의욕의 저하다. 장기기억은 의욕의 강도와 관련이 있다. 이것이 엷어지면 똑같은 반복을 해도 장기기억의 형성 효율이 떨어진다. 의욕은 그 기능이 자신에게 얼마만큼 중요한지에 따른 가치관의 깊이에 의해 발생한다.

예를 들어 가라데(치기, 받기, 차기의 세 가지를 기본으로 하는 일본 특유의 권법. ― 옮긴이)의 경우, 기술의 아름다움과 승패라는 두 가지 가치가 있다. 처음에는 승패에 관심을 두나 점차 무심해지고 형태의 아름다움에 매력을 느끼게 되는 수가 있다. 극단적인 경우에는 승패에 너무 치중하면 기술의 형태가 무너진다는 생각을 하게 되는 일조차 생긴다. 이와 같은 식으로 승패에 대한 의욕이 낮아지면, 그것이 장기기억의 형성 효율을 떨어뜨리게 될 수도 있다.

이러한 일로 슬럼프가 발생할 경우, 그것은 단순히 슬럼프가 아니라 그 사람의 경기 자세가 근본적으로 변화할 가능성이 있으므로 차분히 음미해봐야 한다.

장기기억으로부터의 출력 장애

기억을 활용하는 경우, 장기기억이 워킹 메모리로 출력되어 이용된다. 장기기억에서 출력하는 데 장애가 되는 것에는 여러 가지가 있다.

우선 하나가 장기기억의 양이 부족한 것이다. 이것을 해결하려면 기억을 늘리는 단순한 방법밖에 없다. 정성껏 지식의 양을 늘리다 보면 무리 없이 슬럼프에서 벗어날 수 있다. 다만 어느 정도 숙달된 뒤의 슬럼프인 경우, 기억의 양이 부족했는데도 그 시점까지 겉으로 드러나지 않고 어느 정도 숙달할 수 있었던 것은 무엇 때문인지 생각해볼 것을 권한다. 보통은 장기기억의 절대량이 부족한 부분을 뭔가 다른 기초기능이나 어떤 종류의 감각으로 메우고 있었다고 볼 수 있다. 그것이 무엇이었는지 생각하는 것은 두 가지 의미에서 중요하다.

하나는 보충하고 있던 다른 하위(기초)기능이나 감각이 자신의 기량에 장점으로 작용하고 있다는 생각을 할 수 있기 때문이다. 장점을 정확히 파악하는 것은 약점을 인식하는 것 못지않게 중요한 일이다.

또 하나는 보충하고 있던 하위기능이나 감각에 무리한 부담을 주었을 가능성이 있기 때문이다. 무리한 부담을 주었다면, 늦든 빠르든 그것이 원인이 되어 다른 슬럼프에 빠질 가능성이 있다. 지금 곧 대처해야 하는가를 따지는 판단은 제쳐두고라도, 다른 슬럼프의 가능성에 대해 먼저 인식해 두는 것도 나쁘지 않다.

수속형 지식의 결핍 ― 몸에 익히지 않은 경우

지식에는 '선언형 지식'과 '수속형 지식'의 두 종류가 있다는 것은 이미 설명했다. 간단히 말해서 언어적으로 유지되고 있는 지식이 '선언형 지식'이고, 그에 대해 이른바 '몸이 익히고 있는' 상태의 지식이 '수속형 지식'이다.

장기기억과 현재의 워킹 메모리가 필요로 하는 지식의 타입이 다를 경우 슬럼프의 원인이 되는 수가 있다.

예를 들어 수영 자세를 바꾸려고 할 때를 생각해보자. 새로운 자세로 손을 어떻게 움직이고 손가락을 어떻게 한다는 것을 지식으로서 장기기억에 보관한다고 하자. 그렇더라도 그 기억이 선언형 지식에 머물러 있으면, 그것을 워킹 메모리로 출력한 뒤 워킹 메모리 속에서 수속형 지식으로 번역해야만 한다. 그러면 그 번역의 부담과 시간, 정확성의 한계로 인해 효율성이 떨어진다. 장기기억이 필요로 하는 지식의 타입으로 되어 있는 것이 좋다.

이런 종류의 출력 장애를 극복하기 위해서는 장기기억이 수속형 지식으로 형성되어 있어야 한다. 거기서 선언형 지식을 수속형 지식으로 변환하는 작업이 필요해진다. 그것은 선언형 지식을 떠올려서 (워킹 메모리로 출력해서), 수속형 지식으로 실행하는 일의 반복에 의해 이루어진다.

선언형 지식의 결핍 — 이론을 이해하고 있지 않은 경우

장기기억이 수속형 지식으로만 되어 있고 선언형 지식의 측면이 지나치게 약할 때도 그것이 슬럼프의 원인이 될 수 있다.

'이치를 이해하고 있다'는 것은 본래 수속형 지식을 선언형 지식으로도 지니고 있다는 말이다. 하지만 유년 시절부터 몸으로 익힌 것만 가지고는 이러한 이치를 이해할 수 없으므로, 뭔가 변화가 있을 때 대응하지 못하게 된다. 이러한 과정에서 슬럼프가 발생할 수 있다.

선언형 지식을 동반하지 않은 수속형 지식은 불안정하다.

예를 들어 음식에 소금을 넣을 때도 미각만 가지고 기억하는 것과, 물 100cc에 대해 몇 그램(선언형 지식)으로 기억하는 것을 비교하면, 선언형 지식이 있을 때 지식으로서 훨씬 안정적이다. 스포츠의 자세에서도 체감에 따른 아름다운 자세에 대한 기억(수속형 지식)과 함께 선언형 지식이 함께 있어야 기억이 안정된다. 슬럼프의 원인을 살펴보면, 지식이 수속형으로만 성립되어 있음으로써 발생하는 불안정함 때문인 경우가 의외로 많다.

이처럼 선언형 지식이 결핍되어 있을 때는 수속형 지식을 떠올리면서 그것이 선언형 지식으로서도 재형성될 수 있도록 해주는 것이 바람직하다. 가능하면 슬럼프에 빠지지 않은 평소의 상태에서 해두는 것이 좋다.

장기기억의 모드와 워킹 메모리의 모드

워킹 메모리가 음운 루프와 시각적 메모리 패드의 두 가지 기능을 하고 있다는 것은 이미 설명한 바와 같다. 그것을 어디에 어떻게 사용하고 있는지는 사람에 따라 큰 차이가 있다.

예를 들어 1년에 한 번 정도 보는 친구의 집에 가는 길을 기억하는 것에 대해 생각해보자.

"역에서 곧장 걸어가면 길이 넓어지면서 주유소가 나오는데 그 모퉁이에서 왼쪽으로 돌고, 마을 공장이 늘어서 있는 블록을 지나친 곳에서 오른쪽으로 돈다"와 같이 말로 기억하는 사람도 있다. 또, 역에서 곧장 걷다가 길이 넓어졌을 때 시야가 확 트이는 느낌이나 골목길 모퉁이의 시각적 인상이 기억에 남아 있는 사람도 있다. 게다가 가는 길을 머릿속의 조감도로 기억하는 사람도 있다. 이것은 시각적 메모리 패드를 워킹 메모리로서 이용하는 사람의 기억법이다.

장기기억이 그것을 이용하는 워킹 메모리의 모드와 다를 때에는 워킹 메모리로 이용할 때 변환해야 한다. 그러면 그만큼 장기기억을 이용하기 어려워지고 필요한 시간도 길어져 변환하는 데 오차도 커지기 십상이다.

이것도 장기기억을 출력하는 데 장애요인이 된다.

이러한 출력 장애가 슬럼프의 원인이 되고 있을 때는 출력 연습을 반복해야 한다. 반복함으로써 장기기억의 모드를 변경하거나 또는 워킹 메모리의 모드로 변환하는 효율이 상승해 시간도 단축되고 반응 시간도 짧아진다.

3. 워킹 메모리의 마찰

주의력 부족으로 멍청한 실수가 증가한다

아이코닉 메모리(감각기억), 단기기억, 장기기억이 어느 정도 기능을 하고 있는데도 워킹 메모리의 기능이 현저히 낮을 수가 있다.

워킹 메모리의 기능이 부족하면 일단 주의력 부족에 의한 멍청한 실수가 증가한다. 그 밖에 피로에서 회복되는 데 시간(시일)이 걸린다는 자각이 뚜렷하게 나타난다.

예를 들어 테니스를 치는 사람이 '라켓에 볼이 닿는 순간 문득 시선을 돌려버리는' 증상 때문에 고민한다고 하자. 그것을 단순히 주의력이나 그때까지의 나쁜 경기 습관 탓이라 생각하고 '정신력'으로 주의력을 높이거나 습관을 고치려 하지만, 그런 방식으로 회복될 수 있다고는 단정할 수 없다. 워킹 메모리 기능의 미묘한 부족 때문일 가능성을 생각해봐야 한다.

하나의 동작이 연속적인 복합기능으로 구성되어 있는 경우, 그 연결 부분에서 다음의 복합기능으로 매끄럽게 이동하지 못하는 증상이 나타나는 것도 워킹 메모리의 기능이 부족할 때 보이는 특징이다. 그러한 경우 워킹 메모리의 기능을 강화하지 않으면 슬럼프에서 벗어날 수 없다.

워킹 메모리의 기능 강화

워킹 메모리의 기능은 몇 가지 요인의 영향을 받고 있어 그 원인을 밝혀내는 일이 쉽지는 않다.

그러나 워킹 메모리에 다소 무거운 부담을 지워보는 데서 방법을 찾을 수 있다. 예를 들어 워킹 메모리를 연속해서 사용해보는 것이다.

워킹 메모리는 다른 세 가지 기억과는 다른 부위에서 주관하고 있어, 워킹 메모리를 많이 사용하면 그 부위만의 독특한 피로가 발생한다.

필자의 경험으로 말하자면 동시통역이나 바둑 대국에서 초읽기에 쫓기면서 벌였던 종반의 싸움, 컴퓨터 프로그램의 에러를 발견하는 작업 등 워킹 메모리를 혹사시키는 작업을 한 뒤의 피로감에는 어떤 공통점이 있다.

따라서 그것을 국부적으로 단련하는 것은 효과가 있다고 생각한다.

슬럼프에 빠져 있을 때 워킹 메모리를 혹사시키는 작업을 일정 시간 계속하다 보면 워킹 메모리를 주관하는 부위를 훈련(거의 생리적 의미의 훈련)할 수 있다. 그로써 슬럼프에서 벗어날 수도 있다. 이때 어느 정도 워킹 메모리에 부담이 가는 무거운 작업을 반복해보는 것이 좋다. 국부적인 단련이 효과가 있을 경우 잠시 이와 같은 반복을 해보면, 어느 시기를 경계로 급격히 개선되는 것을 느낄 수 있다.

4. 코드 시스템의 마찰

코드의 절대량 부족

숙달과 함께 기량의 폭도 넓어지는데, 그에 따라 늘어나야 할 코드가 부족해 슬럼프의 원인이 되는 수가 있다.

코드화가 되어 있지 않은 동작이나 개념이 있으면, 장기기억에서 검색하는 데도 시간이 걸리고 단기기억이나 워킹 메모리도 사용하기 힘들다. 그때 코드로서 아직 정리되어 있지 않은 것을 자신의 머릿속에서 정리함으로써 큰 개선을 기대할 수 있다.

코드는 자신이 알 수 있는 거라면 뭐든지 좋다. 볼을 칠 때 몸에 전해지는 느낌대로 '탁 치기' '톡 치기'와 같은 의태어적인 코드도 좋고, 동물의 몸짓에서 따와도 좋다. 머릿속에서 1개의 청크로 처리할 수 있는 음절의 길이면 된다.

또, 코드화 하는 과정에서 코드의 대상이 타점의 위치인지 타법인지에 대해서도 생각하게 된다. 그 중 한 쪽을 정해 코드화 하는 일로 잠시 혼란스러워질 때는 판단 기준을 어디에 두면 좋을지, 즉 상대의 볼의 종류인지 속도인지 아니면 자신의 몸의 방향으로 할 것인지를 정리할 수 있어, 분명히 그 기준에 따른 코드(반드시 언어적 호칭일 필요는 없다)를 정할 수 있게 된다. 그로 인해 판단이 좀더 특별해지거나 정확성이 증가하고, 판단에 필요한 시간이 짧아지기도 한다.

운동기능의 경우 기능의 폭이 넓어질 때가 많다. 그런 경우 되도록 코드화 하는 것이 좋다. 이미 숙달된 기능에 코드(명칭)를 붙이거나 기존의 코드를 정리하는 것만으로도 슬럼프를 극복할 수 있을 때가 의외로 많다.

미각에서의 코드의 역할

기억과 코드의 관계를 이해하기 위해서는 미각에 대해 생각해보면 좀더 이해하기 쉽다.

미각은 기억으로 처리하기 힘든 대표적인 것 중의 하나이다.

예를 들어 삼배초(三杯酢)라는 것이 있다. 식초와 간장을 대충 3대 1의 비율로 섞은 것인데, 그 밖에도 약간의 미림과 소금, 설탕이 들어간다. 일본 요리에는 식초를 친 음식을 만들 때나 또 다른 것을 만들 때도 이 삼배초가 기본이 된다. 예를 들어 토좌초(土佐酢)는 이 삼배초에 가다랭이 우린 국물을 넣은 것이다.

'삼배초'라는 이름이 없으면 같은 맛을 기억하려고 할 때마다 기억에 대한 부담이 크다. 삼배초라는 코드가 있으면 오늘 본 맛은 일반적인 삼배초보다 식초가 좀 많이 들어간 것 같다거나, 보통의 삼배초에 뭔가 다른 향을 첨가한 것 같다는 식으로 기억할 수 있어, 워킹 메모리에서 처리하는 데도 부담이 줄어든다.

코드의 존재가 기억이나 인지 처리를 하는 데 매우 중요하다는 것을 보여주는 좋은 예다. 이것은 미각뿐 아니라 다른 일에도 널리 해당될 것이다.

코드는 충격적이어야 도움이 되기 쉽다

새로 코드를 만들려고 할 때는 다소 거친 표현이 오히려 도움이 된다. 특히 비언어적인 자극을 언어적 코드로 만들 때 이러한 경향은 두드러진다.

예를 들면 후각이다.

후각이 미각에 미치는 영향은 크다. 냄새를 기억하기 힘든 것이 미각을 기억하기 힘든 이유 중의 하나이다. 와인 감별사 훈련과정을 보면 코드화가 기억에 얼마나 중요한지, 그리고 기억에 남는 코드가 어떤 것인지를 깨닫게 해준다.

그 훈련을 보면 향기에 언어적인 코드를 붙여감으로써 기억을 정착시키려고 한다. 코드는 특별히 다른 사람과 공유할 필요는 없고, 오히려 자신의 인상을 솔직하게 표현하는 것이 되도록 궁리하는 것이 좋다. 그 때문에 '여름 풀에 고양이가 오줌을 눈 것 같은 향'이라는 식으로 초보자가 봤을 때 다소 충격적인 코드가 많다. 그러나 기억이라는 관점에서 보면 이러한 코드화가 이치에 맞는다. 코드에 이용되는 이미지가 생생하면서도 상반되는 면이 있다. 이미지는 생리적인 성분이 들어 있어야 (고양이의 오줌) 기억하기 쉽고, 반면에 긍정적인 이미지와 부정적인 이미지가 서로 버티고 있음으로써 선명한 인상을 남기게 된다.

기존의 코드를 정밀화한다

코드화가 충분하다고 생각될 경우라도 기초기능과 기존의 코드가 제대로 대응하고 있는지 그 일관성을 체크해보는 것이 좋다. 체크 포인트는 다음과 같다.

(1) 비슷하기는 하지만 본래 구별하는 것이 좋을 기초기능이 같은 코드로 되어 있는지를 확인한다.

예를 들어 테니스의 어프로치 샷에 대해서 모두 '어프로치'라는 단일 코드를 쓰는 경우가 있다. '포 어프로치' '미들 어프로치'와 같은 코드도 좋고, 자기 나름대로 의태어적인 표현이 인지 처리하기 쉽다면 '탁 치는 어프로치' '톡 치는 어프로치'처럼 의태어적인 표현도 좋다. 자신에게 퍼뜩 감이 오는 것이 중요하다. 영어가 쉽게 다가오지 않는 경우에는 우리말 코드를 적용하도록 하고, 가능하면 적은 음절수로 하는 것이 좋다.

(2) 코드의 유연관계가 적절한지 체크한다.

앞서의 예에서 '포 어프로치' '미들 어프로치'라는 말을 자신의 코드로 사용하고 있으면, 이 둘이 '어프로치 샷'이라는 공통점을 가지면서도 '포'와 '미들'의 차이를 둔 하위기능이라는 인식을 매번 반복한다.

예를 들어 어떤 사람에게는 가장 깊숙한 곳에서 행하는 어프로치 샷과 다소 얕은 위치에서의 어프로치 샷은 타법도 다르지만 거기에 이르는 내용도 전혀 달라 그 두 가지를 '성질이 비슷한 기능'으로 이해하고 있는 것이 문제라고 생각할 수 있다.

그처럼 일반적인 기량으로 사용하고 있는 코드에 은연중 포함되는 유연관계가 자신에게 부적합할 경우, 또는 이전의 자신의 기량에는 플러스였던 코드의 유연관계가 현재 자신의 기량에는 맞지 않게 된 경우에는 현재 자신의 유연관계에 맞는 코드로 바꿔놓아야 한다. 앞서의 예에서는 '포 어프로치' '살짝 치기'와 같이 코드의 대칭성을 무너뜨리는 것이 좋다고 볼 수 있다.

상위 코드를 만든다

복수의 하위기능에 의해 형성되는 상위기능이 있다. 거기에 상위 코드가 붙어 있지 않아서 슬럼프의 원인이 되는 수가 있다. '언덕 발진'이라는 상위 코드가 붙어 있으면 1개의 청크로 인지 처리할 수 있지만, '언덕 발진'이라는 상위 코드가 없으면 인지 처리에 6개의 청크(전후방 확인, 클러치를 밟고 기어를 로 상태로 둔다, 오른손을 사이드 브레이크에 댄다, 왼발로 액셀을 살짝 밟고 오른발로 클러치를 느슨히 푼다, 차체가 움직이기 시작하면 사이드 브레이크를 풀기 시작한다, 차가 똑바로 나아가면 사이드 브레이크를 완전히 푼다)가 필요해지고, 그로 인해 장기기억이나 워킹 메모리의 부담이 커진다.

코드를 붙이는 과정에서 복수의 상위기능을 적절히 구분해 사용하는 방법이나 적용 조건의 차이에 주의가 미치므로, 머릿속을 정리할 필요성이 생긴다.

상위 코드를 만드는 데는 다음과 같은 이점이 있다.

(1) 기능의 분절이 자신의 머릿속에서 명료해진다.

(2) 기능의 상호관계가 명료해진다.

(3) 그로 인해 유사기능의 어느 것을 어떤 경우에 적용할 것인지 단시간에 판단할 수 있다.

(4) 복잡한 기능을 1개의 청크로 인지 처리할 수 있어 워킹 메모리에 여유가 생긴다.

(5) 그로 인해 인지 처리도 단시간에 이루어질 수 있다.

코드의 음운화

코드가 있는 종류의 것은 음운화 되지 않은 채 유지되는 경우가 많다.

예를 들어 망치로 못을 박을 때의 두드리는 방법을 생각해보자. 처음에 못이 판자에 아직 충분히 꽂혀 있지 않을 때는 신중하게 두드린다. 못이 충분히 꽂힌 중간쯤일 때는 보통 아주 세게 두드린다. 거의 종반에 이르러 못이 나와 있는 부분이 작아졌을 때는 너무 세게 치면 판자에 망치 자국이 날지도 몰라 다소 약하게 두드린다. 망치는 한쪽 면이 편평하고 다른 한쪽은 가운데가 툭 튀어나온 산 모양을 하고 있는데, 그것은 거의 막판에 못대가리만 두드려 판자에 망치자국을 내지 않기 위해서이다.

클러치의 개념 모델

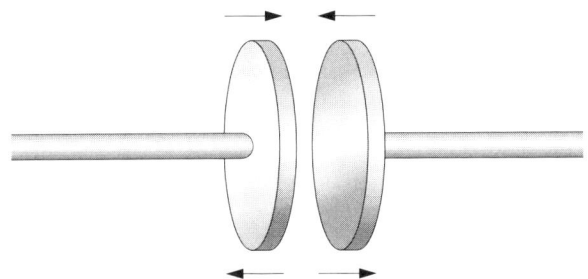

페달을 밟고 있지 않으면 두 개의 클러치판이 달라붙어 회전이 전해진다. 페달을 밟으면 클러치판은 그림처럼 떨어진다. 반 클러치일 때는 두 개의 클러치판이 달라붙는 압력이 약해 클러치판은 다소 공회전을 하면서도 회전을 전달하고 있다. 하지만 공회전으로 마찰이 생겨 열이 난다.

이렇게 못을 박는 방법은 처음부터 끝까지 지금 설명한 것처럼 세 단계 정도의 구분이 있고, 보통은 그에 따라 박는 방법을 아주 분명히 바꿔가고 있다. 코드가 음운 코드로 되어 있으면 워킹 메모리에서 활용하기 쉽다. '살짝 치기' '마구 두드리기' '신중하게 치기'와 같은 의태어적인 코드도 좋으니 나름대로 음운화 하는 것이 효과적이다.

코드의 시각화

음운화 하기 힘든 코드는 적어도 시각화 하는 것이 좋다. 예를 들어 「월광 소나타」의 연주 이미지를 만들 때 "밤하늘에 달이 있고 그 위로 조용히 구름이 흘러가다 조금씩 사라지면서 마침내 밝은 달빛이 드러난다"는 이미지의 형태로 곡상을 보전하거나 재현하는 방식이다.

시각적 코드의 음운화(언어화)

시각적 코드가 성립되어 있으면 그것만으로도 상당한 이점이 있다는 것을 알았을 것이다. 시각적 코드가 성립되어 있을 경우, 그것을 한 걸음 더 나아가 음운화 할 수 있다면 더욱 큰 이점을 기대할 수 있다. 시각적 코드보다 음운 코드가 워킹 메모리에서는 좀더 다루기 쉽기 때문이다.

테니스의 서비스 토스를 생각해보자. 서비스 토스의 높이는 좋은 서비스의 중요한 조건이다.

대개의 경우 서비스 토스를 하는 포물선의 정점의 위치를 시각적으로 기억하고 있다. 항상 같은 코드로 연습하는 사람은 볼의 포물선을 코트에서 보이는 건물이나 나뭇가지의 위치를 기준으로 하여 시각적으로 기억하는 경우조차 있다. 이러한 기억의 방법은 모두 시각적 메모리 패드를 사용하고 있다. 하지만 그 높이를 '토스하는 왼손으로 빗자루를 거꾸로 집어든 높이'와 같은 식으로 비유를 사용해 언어화 할 수 있다면, 시각적 메모리 패드로 사용하는 지식을 음운적으로 사용 가능한 지식으로 변환한 것이 된다. 이처럼 시각적 코드를 음운화 하면 다음과 같은 이점이 발생한다.

(1) 기억이 안정된다. 시각적으로 '이 정도 높이'라는 이미지보다 '빗자루의 길이'와 같은 이미지로 기억이 더욱 안정된다. 토스가 제대로 되지 않았을 때 너무 짧거나 길다는 판단도 안정적으로 할 수 있고, 조정이나 개선을 하기도 쉬워진다.

(2) 변별이 쉬워진다. 볼의 종류나 퍼스트 서브, 세컨드 서브의 차이

에 따라 여러 가지 높이의 토스를 구분해서 사용해야 할 경우, 음운화를 동반하고 있어야 정보처리가 쉽고 변별도 하기 쉬워진다.

(3) 미세조정을 하기 쉽다. 자세에는 그날 고유의 '버릇'이나 '컨디션'이 나오는 수가 있다. 또, 상대의 개성을 감안하여 토스의 높이를 아주 약간 조정해야 한다고 느낄 때도 의외로 많다. 그럴 경우에도 '어깨에서 빗자루를 집어든 높이'라거나 '빗자루를 집어든 높이보다 볼 하나 정도 아래'와 같이 언어를 통해 인지를 미세조정하고, 그럼으로써 내용이 확실해진다. 시각적으로 '그 정도'라고 기억처리를 하는 것보다 정보처리나 기억처리의 확실성이 높아진다.

부적절한 코드 시스템

기본이 되는 코드 시스템이 부적절하여 기억이나 사고가 제대로 진행되지 않는 경우도 있다. 특히 과도하게 언어화 한 코드를 사용하고 있을 때는 주의가 필요하다.

앞서 코드는 언어 코드 쪽이 유리하다고 설명했지만, 무리한 언어화로 인해 코드가 부정확해지면 코드 시스템 전체가 부적합해질 수도 있으므로 주의해야 한다.

예를 들어 수학의 미적분을 생각해보자. 수학에 숙달된 사람은 수식에 의해 생각하는 것이 쉽다. 그런 종류의 사람들에게 수식이 아닌 보통의 언어나 코드를 사용해 수학적 사고를 강요하는 것은 무리다.

영어를 습득하는 과정에서 이런 종류의 슬럼프를 자주 볼 수 있다. 중학교 2학년 정도까지는 발음에 열심히 파고들지만 난이도가 점차 높아지면서 우리 식 발음으로 바뀌가는 일이 많다.

영어의 철자는 영어의 의미소(意味素)로 구성되어 있다. 예를 들어 'extraordinarily'라는 단어는 'extra(벗어나서)'와 'ordinary(보통)' 'ly(부사화)'로 이루어져 있다. 그것을 '엑스트라오디나릴리'라고 코드화 하면, 그것은 영어의 의미 구분과 맞아떨어지지 않는다. 그러한 코드화의 습관이 계속되면 새로 본 단어의 의미를 추측하는 능력도, 철자를 자연스럽게 익히는 능력도 한계점에 도달할 것이다.

영어를 마스터하기 위해서는 가능한 한 철자는 '노려보고' 외우고, 발음은 서툴더라도 '영어다운' 발음으로 읽는 것이 지름길이다.

부적절한 시각적 모델

시각적 코드나 시각적 모델이 부적절할 때, 그것이 슬럼프의 원인이나 본질이 되고 있는 수가 있다.

슬럼프가 심각하다고 생각될 때는 자신이 가지고 있는 시각적 모델이나 시각적 코드가 충분한지 조기에 체크하는 것이 바람직하다. 그리고 불충분할 가능성이 느껴진다면 필요한 수정을 하고, 정밀도 높은 새로운 시각적 모델로 바꾸려고 노력해야 한다.

자신이 사고하는 과정을 깊이 관찰해보면 완전한 시각적 모델은 아니더라도, 주관적으로 60퍼센트 정도의 분명하고 세밀한 시각적 모델을 가지고 있다는 것을 깨달을 때가 있다. 이것은 본래 100퍼센트의 명백한 시각적 모델을 가지고 있었지만, 기량이 진행됨에 따라 그 모델의 일부가 부적합해지면서 적합한 부분만 오랜 시각적 모델을 계속 사용하고 있는 것이다.

즉, 오랜 시각적 모델 속에 모순이 없는 부분에서만 시각적 모델이나 시각적 코드를 형성하고 있는 상태이다. 이런 식으로 되어 있으면 보통 여러가지 장애가 슬럼프를 구성하고 있다.

하나는 완전히 사용할 수 있는 단일한 인지 모델이 결여되어 있는 장애이다.

인지 모델의 일부가 시각적 코드, 다른 일부가 음운 코드로 구성되도록 하나의 모델이 서로 다른 것을 포함하고 있어, 그 접합 부분에서 모드 간의 번역작업이라고 해야 할 내적 활동이 필요해지는 장애이다. 내부에 번역활동이 필요한 모델은 많은 문제가 발생할 수 있다.

다음에 모드 간의 번역 실수와 같은 장애가 있다. 번역작업에는 필연적으로 의미전달 실수가 발생한다. 그 때문에 인지 모델이 온전히 기능하지 않는 수가 있다.

그리고 워킹 메모리에 대한 부담의 문제가 있다. 비유하자면 하나의 컴퓨터 속에서 윈도우즈와 맥의 OS(operating system)을 동시에 사용하는 상태이므로 워킹 메모리에 대한 부담이 크다. 그 때문에 해당 작업에 시간이 걸리거나 용량 부족으로 일을 할 수 없게 되기도 한다.

고유의 코드 시스템 습득

이상에서 살펴본 바와 같이 코드는 그것이 대상에 맞는 적절한 코드여야 하고, 그 적절한 범위 속에서 가능한 한 음운화 또는 시각화 되어 있어야 유리하다. 장기기억이 부적절한 코드로 형성되어 버린 것을 깨달았을 때는 머릿속에서 코드를 바꿔주어야 한다. 그것은 상당한 노력이 따르는 작업이다. 또, 부적절한 코드를 발견하기 위해서는 통찰이 필요한데 이것도 만만치 않다.

음악을 예로 들어보자. 지금은 피아노를 비롯해 많은 악기가 평균율(temperament: 근사치의 음정을 실용적으로 고르게 나눈 음율. — 옮긴이) 악기이다. 즉 1옥타브는 12개의 반음으로 구성되고, 모든 음은 2개의 반음으로 이루어져 있어 '솔의 올림표'는 '라의 내림표'와 동일하다.

하지만 바이올린이나 성악에서는 순정률(pure temperament: 피타고라스의 음정이론에 따라 음계를 정하는 방법. — 옮긴이)을 사용하고 있으며 평균율이 아니다. 바이올린의 역사를 보면 기타와 같이 플랫을 갖춘 평균율 악기였던 시대가 있었다. 먼저 평균율 악기로 음악에 입문하여 바이올린이나 첼로로 바꾼 사람의 경우, 머릿속이 좀처럼 순정률로 바뀌지 않는다. 그 때문에 하모니에 다소 불순한 음향이 들어가는 시기가 오래 지속된다.

어학으로 인한 슬럼프와 코드 시스템

외국어를 배우는 데는 고유의 코드 시스템을 습득해야 한다. 이때 모국어는 장애가 된다.

영어, 프랑스어와 같은 어학을 배우다 슬럼프에 빠졌을 때는 의외로 고유의 코드 시스템을 사용하지 않고, 다른 코드 시스템(전형적으로는 모국어)을 대신 사용하는 것이 원인일 때가 많다.

예를 들어 긴 영문 자료를 묵독할 경우, 지문은 아주 자연스럽게 영어 음운으로 인지되는데 수학 부문만큼은 우리말 음운으로 인지되고 있을 때가 있다. '$4,000,000$'을 'four million dollars'가 아니라 '사백만 달러', '1998'을 'nineteen ninety-eight'이 아니라 '천구백구십팔'로 머릿속에서 발음하고 있는 예이다. 이런 식이라면 회화를 하고 있을 때도 숫자가 나온 순간 우리말 음운 모드로 돌아가는 일이 반복된다.

이러한 사고 습관이 들면 영어 모드로 철저히 사고하기가 힘들어져, 영어회화를 주고받을 때 뒤처지는 일이 계속될 수 있다. 이와 같은 자각이 있을 때는 자신을 돌아보며 지금까지 우리말 음운으로 인지하고 있던 부분을 하나씩 찾아내 영어 음운으로 인지할 수 있는 재학습을 꾸준히 해나가야 한다.

비음운적, 비시각적 코드의 처리

잠시 자신을 관찰해보면 음운적이거나 시각적이지도 않은 것이 자기 자신 속에서는 정보 처리되어 있는 것들이 많다. 예를 들어 바둑이나 장기를 두는 사람의 사고가 그 중 하나이다.

그것들은 그 나름대로 코드로서 기능을 하고 있지만 음운 코드도 아니고 시각 코드도 아니다. 만일 이런 종류의 체감 코드에 음운을 달 수 있다면 음운 코드가 기억이나 인지를 처리하기는 더 쉽다. 그만큼 워킹 메모리의 부담이 상대적으로 가벼워져, 현상 인식이나 기능을 미세 조정하는 데 동원할 수 있는 워킹 메모리의 할당이 커진다. 의태어도 좋고 번호와 같은 기호도 좋으므로, 뭔가 이름을 부여함으로써 이점을 얻을 가능성이 크다.

하지만 코드가 처음부터 비음운적, 비시각적일 수밖에 없는 기능에 대해서 그 코드의 세부까지 음운화, 시각화하려고 무리를 하는 것은 좋지 않다. 복합기능이나 상위기능에 대해 시각화나 언어 코드화가 가능하다면 그것을 검토해보는 것은 바람직하다.

5. 스키머의 마찰

기량 스키머와 평가 스키머의 괴리

평가 스키머는 스키머의 일종이다. 좋은 작품과 나쁜 작품, 좋은 퍼포먼스와 나쁜 퍼포먼스를 평가하기 위한 스키머다. 원칙적으로는 평가 스키머도 평가 이외의 일반적인 기능 스키머의 영향 아래 놓여 있는 것이 보통이지만, 평가 스키머는 자신이 전혀 행위를 하지 않는 것에 대해서도 형성될 수 있다는 데 유의해야 한다.

평가 스키머와 기능 스키머의 괴리에 의해 슬럼프가 일어나는 수도 있다. 그러한 경우 우선 이 두 스키머의 괴리를 작게 줄임으로써 개선할 수 있는지 생각해봐야 한다.

평가 스키머가 지나치게 발달한 경우

평가 스키머가 발달함으로써 자신의 기능에 대해 크게 불만족스러워지는 경우가 있는데, 이것이 슬럼프의 원인이 되기도 한다.

초보자들은 상급자나 최상급자의 기량과 자신의 기량의 차이를 단지 양적인 차이로밖에 받아들이지 않으므로 이런 종류의 문제가 일어나지 않는다. 단적으로 말하자면 평가 스키머도 기능 스키머도 충분히 형성되어 있지 않아, 최상급자와 자신의 차이를 실감할 수 없는 것이다.

하지만 중급자를 거쳐 상급자로 접어들면서 기량 스키머에 구조적인 변화가 일어난다. 기량 스키머의 형성에 따라 평가 스키머가 정교해지고, 평가 스키머의 정교함이 또한 기량 스키머를 단련시킨다.

이러한 형태로 두 가지 스키머가 관련되기 시작하면 그때부터 상급자나 최상급자와 자신의 기량 사이에는 단순히 '테니스에서 볼이 빠르다'거나 '바둑에서 수를 더 많이 읽는다'는 식의 양적인 차이로는 끝나지 않는 구조적인 스키머의 차이가 있다는 것을 실감하게 된다. 그러면 그 차이가 자신으로서는 평생 걸려도 쫓아갈 수 없을 정도의 구조적인 격차라는 것을 알게 된다.

이러한 상태가 되면 그로부터 무력감이 발생할 수 있다. 평가 스키머의 수준이나 평가 스키머의 다차원적인 구조가 노력의 장애가 될 가능성도 있다.

노력하기 위해서는 큰 목표와 부수적인 목표가 모두 필요하다. 평가 스키머와 기능 스키머의 격차를 너무 크게 느끼면 부수적인 목표를 이미지할 수 없게 되어, 노력의 방향을 생각해낼 수 없거나 노력할 마음을 끌어낼 수 없는 상태가 된다. 이와 같은 경우 평가 스키머와 기량 스키머를 양립시킬 방법을 생각해야만 한다.

평가 스키머와 기량 스키머의 식별

한 가지 인지방법은 평가 스키머와 기량 스키머를 구별하는 것이다. 평가 스키머에는 큰 의욕을 갖지 않도록 마음을 억제하고, 자신의 기량 인지는 그것과는 다른 스키머로 행한다.

이처럼 스키머를 구분하면 일반적으로 기량 스키머는 평가 스키머에 뒤떨어지는 것처럼 느끼는 것이 보통이다. 그리하여 기량 스키머를 평가 스키머에 한없이 접근시켜 가려고 한다. 어떤 기능이든 본래는 기량도 스키머도 하나이기 때문이다.

하지만 기량도 스키머도 하나라는 생각을 하는 한 고수들과 자신 사이에 좁히기 힘든 기량의 차이가 있고, 그 평가 스키머의 분리도 심리적으로 받아들이기 힘들다. 그러므로 그러한 사고는 인지적 복잡성이 너무 낮다는 느낌이 든다. 그리하여 기량의 차이를 받아들이고, 인지 스키머가 두 가지(기량 스키머와 평가 스키머)인 것의 이점을 받아들이기로 한다.

두 가지 인지 스키머가 나란히 존재하는 것은 다음과 같은 이점이 있다. 우선 인지 스키머가 두 가지 있음으로써 자신의 기능에서 파생되는 인지상의 제약을 받지 않고도 다른 사람의 뛰어난 기량을 정확히 인식하고 감상할 수 있다. 그럼으로써 감상의 여유를 누릴 수 있다.

다만, 이처럼 두 종류의 스키머를 속으로 나누면서도 항상 염두에 두어야 할 인식이 있다. 그것은 평가 스키머의 발달이 기량 스키머에 좋은 영향을 주는 한편, 기량 스키머의 발달이 보다 세밀한 감상 평가의 스키머를 형성한다는 인식이다.

이러한 경우 가장 이상적인 것은 달인의 기량에 대한 평가 스키머의 인식이, 자신에게 기능화 할 수 있는 기능 스키머의 진보를 가져다준다는 경험이다.

사실 평가 스키머와 기능 스키머의 이와 같은 구별은 기능이 낮을 때만 중요한 것이 아니라, 기능이 높아졌을 때의 창조성이나 개성의 기본이 되는 거라고 생각할 수 있다.

평가 스키머와 기능 스키머는 고수들에게는 개성의 핵심이 되는 것을 알 수 있다. 어떤 기능이라도 중급에서 상급에 이르는 과정은 표준적 기능의 정밀화라고 할까 어떤 종류의 비개성화와 유사한 과정이지만, 일류에서 초일류에 이르는 과정은 정밀화에 의해서도 극복할 수 없는 개성적인 과정이다. 그 과정에서 만들어지는 고유의 스키머야말로 진정한 개성이라고 생각할 수도 있다.

중급의 기능일 때 평가 스키머와 기능 스키머를 분리해 두는 것이 사실 최상급자가 될 수 있는 까닭이다.

메타 스키머의 형성

이와 같은 인지를 달성하기 위해서는 '스키머의 스키머'라고도 해야 할 것이 필요하다. 그것을 메타 스키머라 부르기로 하자. 메타 스키머는 스키머를 인지 대상으로 하는 스키머다. 그러한 메타 스키머가 평가 스키머와 기능 스키머를 구별해주고, 평가 스키머에 의해 직접 자신의 기능을 평가하는 일을 막는다.

메타 스키머는 결코 억지를 부리거나 자기방어를 위한 것이 아니다. 상급자에 도달한 뒤 다시 최상급자가 되는 과정에서 도움이 된다. 상급자가 최상급자가 되기 위해서는 자신의 개성을 정확히 인지하고, 독자적인 스키머를 형성해야 하기 때문이다.

제5장 슬럼프를 극복하기 위한 방법

1. 하위기능(기초기능)을 체크한다

하위기능이란 무엇인가

기능은 계층구조를 이루며 구성되어 있다. 지식 또한 그러하다. 이러한 계층구조는 실제로 몇 개 층을 이루고 있지만, 단순하게 두 개층으로 하위기능과 상위기능이라는 상대적인 용어를 사용하기로 한다.

기능이 향상되기 위해서는 해당 기능을 구성하는 하위기능이 각각 일정 수준에 이르러 있어야 한다. 지금 자신이 주목하고 있는 기능 수준에 관심이 쏠린 나머지 종종 그 하위기능이 부족한 데에는 주의가 미치지 못한다.

하위기능이 충분하지 못하면 그 영향은 주로 두 가지 형태로 나타난다. 하나는 상위기능을 제대로 유지할 수 없다는 것이고, 또 하나는 스키머 판단 조정에 대한 부정적인 영향이다. 이른바 '감이 빗나가는' 현상이 여기에 해당된다.

기능의 계층구조

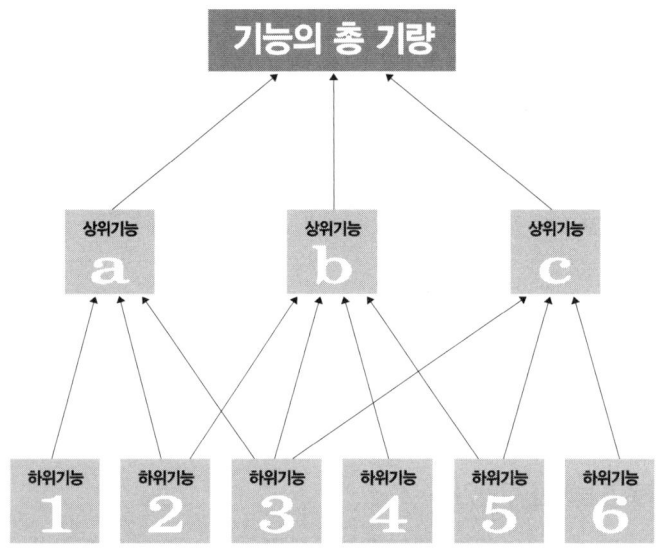

하위기능의 숙련 부족 — 근력이나 기초지식의 부족

하위기능 중 기능 쪽에 문제가 있을 때는 조기에 강화해야 한다.

예를 들어 운동경기에서는 어떤 상위기능을 발휘하려고 해도 근력 등이 거기에 훨씬 못 미치는 경우가 여기에 해당한다. 이와 같은 경우 그 부분에 따른 힘을 확인해봐야 한다.

외국어를 습득하는 경우에는 기초적인 발음의 기능이나 명사의 성별, 주어와 동사의 일치 등이 가장 기초적인 기능이다. 그러한 것들을 어지간히 익혔다고 생각하더라도 좀더 내용에 충실해 거의 '자동적'인 상태로 만드는 데는 의외로 무관심한 경우가 많다.

하위기능의 단련 부족

하위기능의 단련이 부족한데도 그것을 깨닫지 못하면 슬럼프가 더욱 심각해질 수 있다. 타이프 라이팅을 예로 들어 설명해보자.

첫 단계는 문자를 하나하나 키의 위치를 떠올리지 않고도 칠 수 있는 상태이다. 키를 하나씩 치는 것은 최하위기능이다. 치는 데 익숙해짐에 따라 자주 나오는 단어 '그' 나 '가다' 등을 일련의 동작으로 손가락이 자동처리하게 된다.

하지만 그 정도까지 익숙해져도 하위기능이 불확실하면 사고가 제대로 움직이지 않는다.

예를 들어 어떤 빈도로 '가다'를 '기다'로 잘못 칠 수 있는 상태가 계속되면 보다 상위기능(작문을 생각하면서 치는 타이프)의 정확도가 떨어지게 된다. 그러나 만일 이때 철자의 지식에서 불확실한 것이 몇 가지 있다는 자각이 없으면, 상위기능에 대한 자신의 요구 수준에 훨씬 못 미치는 곳에서 실패가 이어지게 된다. 그리고 중요한 원인(타이프의 불확실성)이 아닌 데서 원인을 찾고, 여러 가지 시행착오를 하게 된다(예를 들어 키보드에 대해 손가락의 위치를 바꾸는 등). 그러면 그 시행착오가 오히려 나쁘게 작용해 슬럼프에 빠져들게 되는 것이다.

이럴 때 하위기능의 미숙한 부분을 제대로 판단하는 것이 좋다. 만일 'ㅏ'와 'ㅣ'의 오타가 많은 것 말고는 다른 문제가 없다는 것을 알게 되면 그것만 시정해도 훨씬 좋아질 것이다.

이와 같은 경우에 그 작은 실수를 깨닫지 못한 채 다른 데서 문제점

기능의 계층구조

| 문장을 만들면서 그대로 타이프할 수 있다. |

| 긴 단어("젊은이들")나 숙어를 일일이 생각하지 않고도 칠 수 있다. |

| 자주 나오는 단어("그""저기""이" 등)를 하나하나의 철자를 떠올리지 않고도 칠 수 있다. |

| 자판을 보지 않고 모든 문자, 숫자와 주요 구두점을 칠 수 있다. |

을 찾고 있으면, 그 일이 슬럼프의 원인이 되어 버린다.

슬럼프에 빠졌을 때 기초적인 하위기능이 확실한지 한번 체크해보는 것은 중요하다.

내부 근육의 이상

하위기능에 세밀한 동작이 요구되는 기능의 경우, 내부 근육의 이상이 슬럼프의 원인이 되고 있는 수가 있다. 비교적 미세한 근육이 조정되어야 하는 스포츠나 악기 연주에 많이 나타나는 것이 하위기능의 문제이다. 이런 종류의 지장이 느껴질 때는 되도록 빨리 대응하는 것이 좋다.

예로 들어 내부 근육의 문제를 살펴보기로 하자.

근육에는 보이는 외부 근육과 보이지 않는 내부 근육이 있다. 미묘하고 세세한 움직임은 내부 근육에 의해 행해진다. 서예의 필치나 악기의 손가락 사용법 등은 기본적으로 내부 근육의 운동이다. 이 내부 근육의 움직임은 미묘한 만큼 자각하기 어려운 면이 있다. 그 때문에 일단 이 근육을 잘못 사용해 버릇이 들면 바로잡기가 쉽지 않다.

이러한 문제가 슬럼프의 배경에 있을 때는 되도록 빨리 바로잡아 주어야 한다. 하지만 쉬운 일이 아니다. 기본적으로는 어떤 내부 근육에 힘이 들어가 있는지 우선 자각하는 연습을 하고, 그 상태에서 사용해서는 안 될 내부 근육과 사용해야 할 내부 근육에 모두 주의를 기울이면서 천천히 기본적인 운동을 반복해 나가야 한다. 또, 올바른 내부 근육을 정확히 사용할 수 있게 되기까지는 대량연습을 피하는 것이 중요하다. 깊이 자기 관찰하는 훈련을 조금씩 반복하면서 정성껏 해야 한다.

내부 근육의 이상 수정

내부 근육의 이상을 수정하기 위해서는 상당한 인내력이 필요하다. 기본적으로는 지금까지 사용하던 근육을 되도록 쓰지 않으면서, 앞으로 사용하고자 하는 근육을 키워나가는 연습을 해야 한다. 그러기 위해서는 곧바로 자세를 바로잡으려 하지 말고, 올바른 자세에 필요한 내부 근육을 강화하는 데 우선 힘써야 된다. 말은 쉽지만 실천하기는 매우 어렵다.

또, 지금까지 많이 사용하던 부적합한 내부 근육을 약화시키기 위해 잠시 동안 평소의 연습을 중지하는 방법도 자주 쓰인다.

피아노나 현악기의 경우는 상급자가 되고 나서 손가락 사용법을 다른 스승에게 철저히 교정 받는 사람들이 매우 많다. 야구에서 타자도 프로페셔널로 전향한 뒤 배트의 무게나 중심(重心)의 위치를 바꾸고 자세를 변경한 사람이 많이 있다.

이러한 변경에는 반드시 내부 근육의 수정이 따르기 마련이다. 찾아보면 그와 같은 예는 얼마든지 있으므로 차분히 노력하는 것이 좋다.

하위기능이 스키머의 진전을 방해하는 경우

하위기능이 불충분해서 스커머가 빗나가고, 그것이 슬럼프의 원인이 되는 수가 있다. 예를 들어 스키에서 직활강(直滑降: 스키의 기본자세로 방향 전환 없이 똑바로 내려가는 방법. — 옮긴이)을 할 때, 스키어에게는 자신이 어느 코스를 어느 정도의 속도로 내려가야 하는지 활주 라인의 이미지가 순간 떠오른다. 그 이미지는 스키머에 의해 만들어진다.

하지만 예를 들어 발의 근육이나 아킬레스건의 강도가 온전하지 않으면 스키머의 이미지대로 내려가려고 할 때 무리가 오고, 그것이 두려움을 부름으로써 코스를 약간 변경하거나 이미지에 너무 따르려다 부상을 입기도 한다. 이것은 새로 형성된 스키머(이미지 환기 능력은 스키머에서 나온다)에 필요한 하위기능이 부족함으로써 발생하는 일이다.

여기서 아킬레스건이 끊어지는 부상을 입거나 실제로 넘어지는 것은 하위기능의 부족에 따른 상위기능의 파탄 현상이다.

이렇게 상위기능이 파탄에까지 이르지는 않더라도, 그때 떠올랐던 공포심으로 인해 스키머(이미지 환기 능력)가 영향을 받고, 어디를 어떤 속도로 내려간다는 판단의 구조가 변질되어 버리는 수가 있다. 하위기능이 스키머의 진전을 방해하는 경우란 바로 이러한 때이다.

보통 스키머와 하위기능은 한쪽이 진전하면 다른 한쪽이 거기에 따라가는 형태로 동반해서 성장한다.

하지만 스키머가 먼저 발달 또는 변용되기 시작하고, 거기에 하위기능이 따라갈 수 없게 될 때 괴리가 발생한다. 하위기능은 한번 진전되면 본래대로 돌아오기 힘들지만, 스키머는 하위기능보다 변용되기 쉽다.

스키머가 빗나가는 데는 계기가 있다

앞서와 같은 경우 근력 부족으로 놀랐던 경험이 있지만 그것을 충분히 인식하지 못했을 때, 그 섬뜩했던 위기감으로 인해 앞서 진행되고 있던 스키머가 억제되는 수가 있다. 이러한 억제는 대부분의 경우 무의식적 무자각적으로 발생한다. 그럴 때 하위기능까지 부족하면 스키머 속에서도 진행된 부분과 후퇴한 부분의 모순을 포함하게 되는 한편, 각각의 문제에 대한 강도가 약하기 때문에 문제를 인식하기 어려워진다. 그것이 슬럼프의 주요 원인인 경우, 그것을 자각하는 일조차 매우 어려워져버린다.

이러한 경우 대부분 코치와 같은 제3자의 눈이 없다면 슬럼프의 원인을 집어낼 수 없을 것이다. 자기 스스로 행하기는 매우 어려운 일이지만, 다음 항목의 자유연상법과 같은 다소 특수한 절차를 이용해보는 것도 좋을 것 같다. 이러한 현상이 확대됨으로써 더욱 미묘한 일이 발생하는 경우가 있다.

앞서 설명했던 스키의 직활강에서 근력 부족으로 놀랐던 경험이 있다고 하자. 그때 넘어지지는 않을까, 죽는 것은 아닐까 하는 절박한 위기감을 느꼈을 경우, 그 기억이 스키머를 고정시켜 버리는 작용을 할 수 있다. 수개월의 단련을 거쳐 이미 근력의 문제는 사라져버린 듯한 경우에도 그때의 위기감이나 중력을 느꼈던 체험 때문에 스키머가 빗나간 상태로 되어 버릴 수 있다.

스키머가 빗나간 원인을 자유연상법으로 찾는다

스키머가 빗나간 계기나 원인을 정확히 집어낼 수 있다면 그만큼 빗나간 상태를 재조정하기 쉬운 것은 당연한 일이다. 하지만 그 계기가 기억억제나 억압의 대상이 되고 있을 때는 좀처럼 생각해내기 힘들다.

거기에 효과적인 수단의 하나가 '자유연상법'이다. 누군가 옆에서 들어주면 좋지만, 들어주는 사람이 없더라도 혼자서 하기에 불가능한 것은 아니다.

혼자 할 때에는 자신의 목소리를 녹음할 수 있는 녹음기를 준비하는 것이 좋다.

우선 조용히 앉거나 누울 수 있는 환경을 만든다. 소음이 많지 않고 춥지도 덥지도 않은 곳이 좋다. 가능하면 의자에 앉는 것보다 소파에 눕거나 의자에 비스듬히 기대 편안히 쉰다.

그리고는 방을 다소 어둡게 하고, 자신이 해당 기능이나 도저히 마스터 할 수 없는 하위기능에 대해 마음을 모아 생각을 단어나 짧은 문장의 형태로 소리 내서 말한다. 그렇게 말했으면 자신의 그 말을 머릿속으로 반추하고(협력자가 있을 경우는 다소 낮은 소리로 감정을 섞지 말고 단순히 들은 말을 되뇌듯이 반추해 달라고 하자), 반추한 그 말을 단서로 하여 다음에 연상되는 단어를 말한다.

이렇게 연상을 주고받듯이 하면서 떠오르는 것을 하나씩 녹음해 간다. 그때 만일 'L' 다음에 떠오른 'M'이 이론적으로 'L'에 이어지는 것이 이상하게 생각되는 경우라도 비판적으로 생각하지 말고 일단 녹음하는 것이 좋다. 논리적으로 너무 짜임새 있게 생각하려고 하면 본래의 억제나 억압이 발생한 과정과 같은 논리를 지나쳐버릴 수 있기 때문이다. 'L'에 이어서 'M_1' 'M_2'와 같이 두 가지, 그것도 서로 관련이 적은 연상이 동시에 발생했을 때는 우선 먼저 발생한 'M_1'을 말한다. 그리고 'M_2'가 아직 기억에 남아 있다면 그것을 녹음해도 좋지만, 거기서 'M_2'에 대한 기억이 사라져버리는 경우도 많으므로 그때는 신경 쓰지 말고 'M_1'에 이어서 마음에 떠오르는 'N'을 녹음하고 앞으로 계속 나아간다. 'M_2'가 유의미 정도가 높은 연상이었을 경우에는 여기서 일단 기억이 사라지더라도 조금 지나 앞서의 'M_2'를 'S'나 'T'와 같은 것으로 떠올리게 되는 일이 많으므로, 너무 신경을 곤두세우지 않아도 된다.

연상을 다해 순환하게 되거나 하나하나의 연상에 너무 시간이 걸리게 되면 일단 멈춘다. 그리고 다시 들어본다. 듣는 동안에 목소리에서 플러스나 마이너스의 감정이 엿보이는 수도 있으므로 거기에도 주의를 기울인다.

이와 같은 일을 반복하는 동안 자신 속에서 그 기능으로 억압의 원인이 되고 있는 사건을 떠올리는 수가 있다. 그때 적어도 주관적으로는

'이거다!' 싶은 통찰이나 또는 떠올리고 싶지 않았던 일에 대해 강한 경계심이 일어날 것이다. 그러고 나서 그 일을 계기로 자신의 스키머에 어떤 영향은 없는지 잘 음미해본다.

스키머가 하위기능을 따라가지 못한다

바둑에 '정석(定石)을 익히고 나면 한 가지가 약해진다'는 말이 있다. 강해질 생각으로 정석을 익혔더니 오히려 약해지는 수가 있다는 얄궂은 현상을 말한다.

정석이란 어떤 형태에서는 일정한 진행이 거의 자동으로 이뤄진다는 것인데, 바둑에서는 하위기능으로 위치를 정할 수 있다. 정석이 하위기능이라면 흐름을 판단하는 것은 스키머다. 이것은 스키머에 필요한 변경을 해주지 않은 채 하위기능만 향상시킨 경우에 일어나는 슬럼프다.

이런 종류의 슬럼프는 의외로 넓은 범위에서 볼 수 있다.

마라톤과 같은 장거리 달리기를 예로 들어보면, 내리막길을 달리는 기술이 향상되었을 때 그로 인해 달리기의 전체적인 계획에 지장을 초래하는 일이 있다.

이와 같은 슬럼프는 의외로 발견하기 힘들다.

본인으로서는 하위기능을 향상시키는 데만 마음을 쓰고 있기 때문이다. 하위기능은 눈으로 확인하기 쉽지만 스키머는 확인이 어렵다. 그 때문에 스키머가 부족하다는 것을 실감할 수 없다. 이런 종류의 문제를 깨닫는 것은 충분한 자기 관찰을 함으로써 통찰력이 생겼거나, 스승과 코치로부터 지적을 받고 충분히 납득한 뒤가 아니면 불가능하다.

하위기능을 확실하게 향상시키는 의미

하위기능을 확실하게 향상시키는 의미는 많이 있다. 앞으로도 또 언급하게 되겠지만, 이 단계에서는 중요한 요점 두 가지만 이해해 두었으면 한다.

첫째는 하위기능의 확실성이 기능 전체의 확실성을 낳는다는 점이다. 하위기능의 일부에라도 불안정함이 있다면 많은 복합기능의 확실성에 불안정함이 남는다.

둘째는 워킹 메모리의 절약이 가능해지는 점이다. 단련이 부족한 기능은 그 부족한 기능에 워킹 메모리를 할애하고, 그 기능의 불안정함을 포함한 예측을 하기 위해 워킹 메모리를 할애해야 하므로, 워킹 메모리에 대한 부담이 크다.

슬럼프에 빠졌을 때 스키머를 체크하면서 동시에 하위기능의 확실성을 체크하는 것이 중요한 것은 간단히 말해서 이와 같은 이유 때문이다.

2. 모형훈련

모형훈련이란 무엇인가

모형훈련이란 필자가 만든 조어이다. 어떤 기능이라도 대표적인 '유형'이 있다. 유형 자체는 수없이 많지만 그러한 유형 중에서 자신의 기량에 중요하다고 생각되는 비교적 소수의 '유형'을 반복해서 깊이 훈련하는 것을 모형훈련이라 부른다.

야구에서 타자라면 매일 연습을 한다. 검도를 하는 사람은 매일 연습을 거르지 않는다. 검도 시합은 매우 복잡하게 구성되어 있지만 반복되는 연습이 그 기본에 있다.

외국어 훈련이라면 정해진 문장을 정확히 외운다.

그림이라면 뛰어난 화가의 그림을 차분히 베껴 그린다.

이와 같은 훈련이 모형훈련이다.

모형훈련을 하지 않는 사람은 슬럼프에 빠지기 쉽다

모형훈련을 정확히 하는 것은 숙달을 위한 중요한 조건이다. 겉으로는 숙달된 것처럼 보이는 사람도, 모형훈련이 충분치 않은 사람의 기량은 기초기능이나 코드 시스템의 일관성이 떨어지는 경우가 많다.

지금까지 정확한 모형훈련을 하지 않은 사람의 경우, 그것이 슬럼프의 원인일 가능성조차 있다. 그러므로 슬럼프에 빠진 시점에서 이런 종류의 모형훈련을 제대로 하지 않은 사람은 적절한 소재를 골라 모형훈련을 하는 것만으로도 눈앞의 슬럼프를 벗어날 가능성이 높다.

모형훈련의 방법 — 정밀연습

앞서 '고수되는 법칙'에서 필자는 훈련 방법으로 '정밀연습'을 추천한 바 있다. 이것은 소수의 모형을 반복 단련하여 깊이를 더해가는 방법으로, 여기에서 '모형훈련'이라 부르는 것과 같다.

사실은 슬럼프에 대해서도 정밀연습을 발전시키는 것이 가장 효율적이라 생각한다. 정밀연습이 슬럼프의 원인을 규명하고 슬럼프를 극복하는 데 모두 효과적이다.

그러므로 슬럼프를 극복하는 방법으로서 모형훈련을 살펴보기 전에 간단히 모형훈련에 대한 예를 들어보기로 하자.

외국어 문장 훈련

본격적으로 외국어를 배우고자 하는 경우에도 모형훈련이 효과적이다. 필자는 그것을 '문장 훈련'이라 부른다.

그것은 내용적으로 흥미나 지적 수준이 지금의 자신에게 맞는 외국어 문장을 우선 하나 암송하는 것이다. 적어도 열 줄, 가능하면 두세 페이지 정도 길이의 문장을 완전히 암송해 버린다.

그 다음에 어휘는 물론 활용형, 자잘한 시제 등 문법사항을 그 문장에 맞게 정밀하게 이해해 간다. 그리고 반복해서 암송할 때마다 새롭게 이해한 것을 머릿속에서 거듭 재현한다. 암송할 때 억양과 간격, 목소리의 강약, 속도의 미묘한 변화 등 많은 요소를 조정하면서 발성하는데, 그 때 자신이 어휘나 문법을 이해함으로써 매번 그러한 조정요소가 만들어져 나오는 듯한 기분으로 암송한다. 거기에 여유가 있다면 그 문장 중 일부의 능동태를 수동태로 바꾸면 어떻게 될지, 어떤 문장의 주어를 복수로 하면 어떻게 될지 등을 실제로 해본다.

빈틈없는 저자는 자신의 표현을 정확한 문법으로 쓰고 있다. 그것은 암송한 문장을 깊이 이해함으로써 깨닫게 된다.

악기 연주의 훈련

악기에 따라 약간의 세부적인 차이는 있지만, 음계에 대한 기본훈련 요소가 들어 있는 곡을 모형훈련의 대상으로 삼거나, 한 곡을 독주회 기한까지 고도로 완성시켜 가는 일을 단련의 대상으로 삼는 경우가 많다. 그때 단순히 악보를 외운다거나 몸에 주입시키려는 것이 아니라, 한 곡이 가지고 있는 가능성을 여러 모로 시도해보는 시기를 거치도록 하는 것이 좋다고 한다.

한 곡을 여러 각도에서 자세히 뜯어보면 갖가지 스키머가 단련된다. 연주자에게 큰 재량권이 주어져 있는 카덴차(cadenza : 악곡을 마치기 전에 독주자의 연주 기교가 충분히 발휘되도록 한 무반주 부분. — 옮긴이)가 있는 경우에는 그것을 연주하는 방법이 곡 전체의 해석에 따라 크게 달라진다. 최종적인 연주를 이른바 표준적인 해석으로 마무리하더라도, 도중의 여러 가지 해석을 시도해보는 과정에서 그 표준적인 해석의 의미의 폭이나 대비가 풍부해진다. 그렇게 연주해 가면 연주를 하면서도 이미지 속에서 또 다른 해석도 문득 떠오른다. 그것이 스키머의 가소성(可塑性)과 여유를 유지하게 해주는 것이다.

모방식 단련으로 발견하는 슬럼프의 징후

모방식 단련은 단조로울 것 같지만 사실은 그렇지 않다.

예를 들어 배팅 연습을 하는 사람에게는 날아오는 볼의 상태 하나하나가 선명하게 이미지로 보인다. 이미지 속에서 '직구(直球)에 어느 정도 속도의 볼이라면' '바깥쪽으로 빠지는 이 정도의 볼이라면' 하는 식의 조건이 자연스럽게 떠오른다.

모방식 단련이 단조롭게 느껴지는 것은 슬럼프의 특징 중 하나이다.

모방식 단련에 신선한 기분으로 몰두할 수 없다면, 슬럼프를 의심해 보는 것이 하나의 현명한 방식이다.

생리적 포화가 있는 경우

생리적 포화나 심리적 포화가 슬럼프와 함께 하고 있는데도, 그것을 깨닫지 못하는 경우가 있다.

생리적 포화와 심리적 포화는 대개의 경우 동시에 일어나고 있을 때가 많고, 모형훈련에 대한 포화감도 주관적으로는 비슷하다.

일반적인 근육의 피로라면 48시간 안에 회복된다. 신경피로가 포함된 경우라도 보통은 하루 이틀 쉬면 회복된다. 따라서 우선 이틀쯤 쉬어보고 포화감이 줄어든다면 슬럼프의 주요 원인의 하나가 생리적 포화였음을 알 수 있다. 그래도 회복하지 않는다면 심리적 포화를 생각해 본다.

심리적 포화의 경우

앞서도 언급했듯이 심리적 포화는 생리적 포화와 주관적으로는 구별하기 힘들다. 생리적 포화(피로)가 없는데도 의욕이 일지 않거나 모형훈련에 몰두할 마음이 생기지 않는다면, 심리적 포화가 한계까지 와 있는 것으로 추측할 수 있다.

스윙과 같은 모형훈련은 단순함 속에서도 다양하게 응용할 수 있어 평소라면 그 다양한 변화를 상상하면서 어느 정도 편안하게 할 수 있다. 보통 상대가 약간 이렇게 변했다면 자신은 이 부분을 조금 바꿔 적응하는 식으로 이미지를 즐기면서 그리 힘들지 않게 할 수 있다.

심리적 포화가 강하면 그러한 이미지의 힘이 떨어진다. 신체적 피로가 낮은 상태에서 모형훈련을 할 때는 귀찮고 어리석게 느껴지며 헛수고를 하는 듯한 느낌이 매우 강해진다.

심리적 포화에서 벗어나는 이상적인 방법은 긍정적인 휴식을 취하는 것이다. 그동안 통찰이 생기고 그 통찰에 의해 기능의 재미를 발견하고, 그럼으로써 오랜 모형훈련을 통해 신선함을 발견하는 바람직한 순환에 의해 회복되는 것이다.

모형훈련은 몰개성적인 것이 아니다

최근의 교육계에는 이런 종류의 훈련을 '몰개성적'이고 시대에 뒤진 방법으로 경시하는 경향이 있지만, 이것은 경박한 오해다. 어떤 개성도 기초적인 기능에 충실하지 않고서는 발휘될 수 없다. 또, 이러한 오해는 개성이라는 것의 본질을 착각하고 있다. 약간의 모방식 훈련에 의해 짓눌리는 것은 개성이 아니다. 개성이란 모형훈련과 같은 반복적인 단련에 의해서도 방해받을 수 없는 강도를 지닌 것을 말한다.

오히려 모형훈련은 기초기능과 인지의 기초적인 스키머를 만들고 강화한다. 이 두 가지는 개성을 발휘하는 데 없어서는 안 될 것이다.

모형훈련의 풍부함을 깨닫는다

예를 들어 초보자와 상급자의 배팅 동작은 질적으로 전혀 다르다. 상급자는 날아오는 볼의 종류나 속도, 위치 등을 그때그때마다 선명히 보면서 배트를 휘두른다. 그렇게 풍부하고 정확한 이미지는 초보자로서 기대할 수 없는 것이다.

자신이 이미지 속에서 치려는 볼을 명확히 떠올리는 것은 적어도 다음과 같은 것이 단련되어 있다는 것을 의미한다.

(1) 구질(球質), 속도, 위치 등을 선명히 떠올릴 수 있는 이미지의 힘.

(2) 볼에 대한 인지 스키머의 단련.

(3) 이미지한 볼에 맞춰 배팅을 끌어내고, 그것을 근육의 움직임에 전달하는 속도와 정확함.

(4) 이상과 같은 일들을 일괄적으로 끌어내는 '스키머'의 단련.

(5) 그 스키머를 워킹 메모리로 사용하는 단련.

상급자는 이 하나하나에 대해 다양한 경우를 자연스럽게 생각할 수 있는 한편, 실제로 배트를 휘두를 때마다 '이번에는 잘 쳤다, 못 쳤다'는 자기 평가를 할 수 있다. 그러므로 단조로움을 느끼는 일이 거의 없고, 하나하나를 풍부한 경험으로 인식할 수 있다.

단적으로 말하면 언뜻 단조롭게 보이는 모형훈련에 얼마만큼의 풍부한 내용을 쏟아넣을 수 있는가 그 자체가 기량의 지표가 된다고 생각해도 좋을 정도다.

슬럼프를 탈출하기 위한 모형훈련

슬럼프에 빠지면 자칫 새로운 훈련, 지금까지 해본 적이 없는 훈련을 하고 싶어지는 수가 있다. 슬럼프와 함께 심리적 포화를 느끼고 있을 때는 특히 그런 경향이 강해진다.

하지만 슬럼프에서 탈출하기 위해서는 단조롭게 보이고 이미 끝난 것처럼 느껴지는 모형훈련을 정성껏 다시 시작하는 것이 가장 빠른 지름길일 때가 많다.

대체적인 사고의 순서는 다음과 같다.

(1) 지금까지 자신의 모형훈련을 되돌아보고 과부족을 음미한다.

(2) 지금까지 해온 순서에 따라 모형훈련을 차분히 복습한다.

(3) 복습할 때, 모형을 소화하면서 떠올리는 이미지의 움직임을 생략하고 있었던 적은 없는지 하나씩 음미한다.

(4) 복습하면서 모형훈련의 순서에 무리가 없었는지, 또는 특정 순서로 인해 발생한 문제는 없는지 생각한다.

(5) 각각의 모형을 훈련하고 있었을 때의 스키머와 현재의 스키머가 다른 것은 무엇 때문인지 밝혀낸다.

(6) 예전 스키머 아래에서 하던 모형훈련을 새로운 스키머 아래에서 다시 한다.

과거의 모형훈련을 확인한다

슬럼프에 빠지면 자신이 해오던 훈련을 되돌아보는 것이 중요하다.

하나의 기능에 필요한 모형은 매우 많으므로, 만일 5년 간 해왔다면 그 동안 중점적으로 단련하던 모형이 지속적으로 변해 왔을 것이다. 그러한 변천 과정을 우선 뒤쫓아봐야 한다. 그리고 뭔가 과부족은 없는지 확인한다.

때로는 자신의 모형훈련을 되돌아보는 것만으로도 지금의 슬럼프의 원인을 짚어낼 수 있다. 모형훈련의 연표와 같은 것을 작성해보면, 지금까지 깨닫지 못했던 자신의 가치판단이 보인다. 그것이 슬럼프를 해결하는 힌트가 되는 일도 많다.

필자는 장기를 두면서 아마추어 4단에 오르지 못하고 슬럼프에 빠져 있었을 때, 보고 있던 교재를 재점검한 적이 있다. 그러자 초보에서 초단 정도까지는 고 오오야마 야스하루 15세 명인의 기보를, 3단 정도까지는 나카하라 마코토(中原誠) 10단과 가토우 히후미(加藤一二三) 9단의 기보, 한때는 고 마스다 코우조우(升田幸三) 제3대 명인과 고 사카다 산키치(阪田三吉) 명인의 기보로 공부하고 있었다. 또, 그 기간 내내 『장기는 졸부터』라는 전 3권의 서적을 반복해서 읽고 있었다.

이렇게 되돌아봤을 때 교재가 너무 한쪽으로 치우쳐 있다는 것을 깨달았다. 필자가 관심을 가졌던 것은 충분히 준비하고 기다려 포진(布陣)을 하고, 또 그렇게 준비해 결전을 하는 이른바 '두터운 기풍'들뿐이었던 것이다.

변화가 빠른 장기의 대표격인 나이토오 쿠니오(內藤國雄) 9단의 기보를 잠시 모형훈련의 대상으로 삼음으로써 필자는 이 문제에 대처할 수 있었다. 그러자 전에 즐기던 신중한 진행을 하면서도 빠른 진행의 예민한 감각이 숨겨진 형태로 살아나고 있는 것을 깨닫게 되었고, 마침내 본래의 기풍으로 돌아왔을 때 슬럼프가 극복되는 것을 느낀 적이 있다.

모형훈련을 재점검한다

지금까지 해온 모형훈련의 리스트가 쌓이면 그것을 앞에서부터 순서대로 주의 깊게 복습해보자. 귀찮더라도 입문서나 자신의 노트와 비교하면서 복습하는 것이다. 그때 다음과 같은 점을 확인한다.

(1) 모형훈련을 매일 하는 동안 본래의 유형과 변질되어 버린 점은 없는가.

모형훈련은 보통 훈련 매뉴얼에 실려 있는 것을 기본으로 하고 있을 때가 많다. 최초의 몇 번이나 몇 주일 동안은 매뉴얼에 따를 때가 많지만, 점차 매뉴얼을 보지 않게 되는 일이 많다. 그 때문에 수백 번 해온 모형훈련이 원형에서 약간 벗어나 있을 수 있다. 우선 그것을 체크하는 것이다. 그리고 발견하였더라도 그것이 어떤 의미에서 자신의 개성으로서 받아들일 수 있는 것이면 상관없다. 훈련하는 동안 몸에 배어 버린 미묘하게 소홀했던 부분이 슬럼프의 원인이 되고 있을 때가 많다.

(2) 모형훈련 중에서 본래는 매번 실행해야 할 이미지 훈련이나 스키머 훈련에 소홀하지 않은지 확인한다.

(3) 마지막으로 어떤 모형훈련을 하던 시기의 자신의 기량 스키머와 인지 모델이 현재의 스키머와 인지 모델과는 다른 점이 없는지 확인한다.

대개는 스키머나 인지 모델이 그보다 뒤에 고도화됨으로써 발생한 괴리이다. 적절한 모형훈련이란 몸으로는 모형을 반복하면서 머릿속으로는 스키머와 인지 모델을 활성화하는 것이다.

효과적인 순서를 생각해본다

모형훈련의 메뉴는 나비가 허물을 벗는 것처럼 수없이 변화되어 왔을 것이다. 자신의 모형훈련의 순서를 확인하고 그 순서에서 빚어진 문제는 없는지 생각해보는 것이 바람직하다.

예를 들어 클래식 기타에서 아르페지오(분산화음)의 모형훈련과 코드(화음)의 모형훈련 중 어느 쪽을 먼저 하는지가 그 사람의 스키머에 큰 영향을 미치는 수가 있다.

코드보다 먼저 아르페지오의 모형훈련을 한 경우, 아르페지오를 오히려 멜로디의 스키머에 의해 인식할 가능성이 있다.

이 차이가 그 사람의 곡을 해석하는 스키머에 영향을 미칠 수 있다.

슬럼프에 빠지기 전에 멜로디 스키머와 코드 스키머가 확립되어 있다 하더라도 이와 같은 차이가 미묘한 차이를 낳을 가능성이 있다.

따라서 모형훈련의 효과적인 순서를 생각해보는 것은 매우 중요하다.

과거의 모형훈련을 새로운 스키머로 다시 해본다

일단 자신이 과거에 했던 모형훈련을 확인했으면 이번에는 되도록 모든 모형훈련을 현재의 스키머나 인지 모델을 떠올리면서 차분히 다시 해본다.

그것은 말하자면 이미 습득한 모형에 새로운 피를 공급하는 행위이다.

당시의 스키머나 인지 모델을 충분히 정확하게 떠올릴 수 없다는 것은 다시 말해서 그 차이가 별로 중요하지 않을 가능성이 높다는 것이다. 그러므로 정확히 떠올릴 수 없더라도 걱정할 것은 없다. 하지만 그 경우에도 의식적으로 현재의 사고 아래에서 이미 습득한 모형훈련을 하는 데 의미가 있다. 의식에 떠오르지 않을 정도의 미묘한 차이라도 조정해 두는 것은 효과가 있기 때문이다.

신선한 발견을 한다

여기에서 설명하고 있는 방법으로 모형훈련을 하면 심리적인 신선함을 느끼게 된다. 그것은 다양한 형태로 통찰이 일어나기 때문인데, 거기에는 크게 두 종류가 있다.

하나는 자신의 기량의 변천이나 현재의 상태에 대한 통찰이다. 그 연장선상에서 현재의 슬럼프에 대한 인식이 나올 것이다. 이러한 통찰 이전에는 슬럼프를 생각할 때 어두운 기분이나 실망감이 강하게 일어났겠지만, 이 통찰이 일어난 뒤에는 일종의 지적 관심을 가지고 자신의 현상을 분석할 수 있게 된다.

또 하나는 하위기능의 상호관계에 대한 지적인 통찰이다. 그때까지 관계가 적었다고 생각하던 두 개의 하위기능이 사실은 밀접한 관계가 있다는 것을 알게 된다. 그러한 사실을 깨달으면 기량에 관한 스키머가 더욱 발달한다. 그것이 슬럼프를 벗어나는 길로 곧장 이어질지는 모르지만, 슬럼프 뒤의 비약의 조건이 되는 것은 분명하다.

자신감을 회복하게 해준다

이와 같이 모형훈련을 복습하면 어느 정도 자신감을 회복하는 경우가 많다. 본래 수백 번 이상 반복했던 모형을 다시 반복하는 것이므로 보통은 상당히 안정되어 있다. 그 밖에도 과거의 연습이나 즐거웠던 시합 경험을 떠올리는 일이 많다. 또 기초를 반복해 왔던 것이 시합 등에서 갑자기 도움이 되었던 일은 반드시 몇 번쯤 있기 마련이라, 그런 플러스의 경험을 떠올리는 일이 많아진다.

의욕이나 동기를 강화한다

의욕이나 동기는 그 기능을 매우 중요한 것으로 생각하게 한다. 의욕이 높은 기능일수록 학습 효율이나 기억 효율이 좋은 것으로 알려져 있다.

모형훈련에는 지식이나 스키머를 강화하는 일 말고도 의욕을 강화해주는 측면이 있다.

새로운 모형훈련을 고안한다

이처럼 과거의 모형훈련을 신중하게 복습하면 현재 자신의 기량의 문제점에 대한 인식이 어떤 종류의 가설 같은 형태를 이루며 형성된다. 그 결과 현 상태에 어울리는 새로운 형태의 모형훈련을 구상하게 되고, 그 모형훈련을 실시함으로써 슬럼프를 극복하는 계기를 잡을 수 있다.

3. 의욕을 높이는 법칙

의욕이 장기기억을 좌우한다

의욕(자아관여도)이 높거나 낮다는 것은 심리학적 용어이다. 이른바 '목숨을 걸고 하는' 상태일 때 '의욕이 높다'는 말을 사용한다. 자아란 자기 욕구의 전부를 가리킨다. 목숨을 걸고 하는 상태란 그 일이 되고 안 되는 것이 자아에 있어 중요도, 관여도가 매우 높은 상태라고 생각하는 것이다.

의욕이 높고 낮은 것은 숙달의 매우 중요한 요소다. 그것은 특히 장기기억의 형성이나 처리 수준의 깊이와 관련되어 있기 때문이다.

이미 설명했듯이 장기기억은 단기기억이 반복연습을 통해 형성된다. 그때 반복연습의 양은 어느 정도 의욕에 의해 바뀌는 것을 알 수 있다. 의욕이 높은 경우에는 그만큼 적은 반복연습으로도 장기기억이 형성된다.

의욕이 떨어지면 장기기억의 형성 효율도 나빠진다.

의욕이 슬럼프의 본질인 경우에는 의욕을 높이는 연구가 효과적이다.

의욕이 슬럼프의 본질이 아닌 경우라도 슬럼프의 부작용의 하나로서 의욕이 떨어지면, 그 일이 장기기억의 형성을 방해하므로 이중의 부담이 된다.

슬럼프를 극복하는 데는 의욕의 저하를 막을 수 있는 지식이 필요하다.

의욕과 처리수준

인간의 두뇌가 정보를 처리할 때의 깊이를 처리수준이라고 한다.

자동차에 관심이 많은 아이는 멍하니 도로를 바라보고 있는 동안에도 어떤 종류의 차가 지나갔는지 무의식적으로 기억하고 있다. 차종(車種)에 대한 지식은 같아도 그만큼 기억하지 못하는 아이도 있다. 이 둘의 차이는 의욕의 차이에 의해 나타나는 처리수준의 결과로서 발생하는 것이다.

격투기를 하는 사람은 자신의 대전 상대를 보았을 때 근육의 상태나 피부색, 움직이는 버릇 등으로부터 상대의 컨디션을 정확히 판단한다. 같은 격투기를 하는 사람이라도 자신이 대전하지 않은 상대를 볼 때에는 알아차리는 범위의 수준이 한층 떨어진다. 분석능력이나 지식은 같아도 자신의 대전 상대에 대해서는 자연적으로 처리수준이 깊어지는 것이다.

처리수준을 규정하는 가장 큰 요인은 풍부한 코드와 스키머다.

그 다음으로 중요한 요소가 의욕이다. 의욕을 높임으로써 깨닫는 정밀도를 올릴 수 있다.

의욕의 간접적 조작, 목욕재계

옛날이야기에는 목욕재계를 하고 소원을 비는 사람들이 종종 나온다.

신의 가호를 빌기 위해 본인이나 가까운 사람이 목욕재계를 하는 것이다. 본서에서는 신의 가호라는 것을 전제하지 않으므로 그런 의미에서 이것은 비합리적인 방법이다.

하지만 의욕이라는 관점에서 보면 이것이 꼭 비합리적이라고 할 수 없는 면도 있다.

첫째로는 마음속 깊이 신을 믿으면 정말로 '신의 가호가 있다'고 믿게 됨으로써 불안이 줄고, 마음껏 잠재력을 발휘할 수 있는 심리상태가 만들어지는 효과가 있다.

그와 동시에 목욕재계라는 번거로운 행위를 함으로써 그 일에 대한 의욕의 정도를 자기 표현하거나, 또는 자기 확인을 하는 면이 있다. 이로써 시간과 함께 조금씩 변하는 의욕을 어느 정도의 수준으로 유지할 수 있다.

리마인더를 만든다

높은 의욕을 유지하는 방법으로서 리마인더(reminder)를 만드는 방법이 있다.

리마인더는 '생각나게 하는 것'이라는 의미이다. 자신의 뜻을 생각나게 해주는 것으로 이것도 하나의 방법이다.

가끔 운동선수들이 일정한 성과를 올릴 때까지 수염을 깎지 않기로 했다는 일화가 소개되는 경우가 있다.

이 수염이 리마인더다.

수염을 기르는 것은 귀찮은 일이다. '성과가 오를 때까지 수염을 깎지 않겠다'는 자기 나름의 서약을 하고 있으면 수염의 존재를 느낄 때마다 자신의 소망을 확인하게 된다. 말하자면 그 기능의 인지적 우선도가 높아진다는 것이다.

다른 습관 하나를 중지한다

리마인더로서 어떤 습관이 된 일을 일정 기간 동안 중지하는 방법이 있다.

필자는 고등학교 시절 시험성적 때문에 고민하고 있을 때 선생님으로부터 "기타를 그만두라"는 말을 들었던 적이 있다. 기타를 배운 지 5년쯤 지난 무렵이었다.

그때 "기타 연습은 여가시간을 쪼개 하루 15분을 넘지 않으므로 공부에 지장을 준다고는 생각하지 않습니다"라고 항변했던 일이 있다.

그에 대해 선생님은 아주 엄격한 어조로 다음과 같이 대답했다.

"그 15분이라는 것이 문제일세. 단지 15분이라고 하지만 그 15분을 위해 심적으로 더욱 큰 문제가 발생하고 있지 않나. 그만두라면 그만두게. 그렇게까지 '15분'이라고 항변하며 버티는 자세가 성적의 발목을 잡고 있는 거라고. 그렇게 기타를 치고 싶으면 마음대로 치고, 나중에 그 15분 때문에 대학 떨어졌다고 후회나 하지 말게."

결심을 하고 기타 연습을 완전히 그만두자 성적은 분명히 오르기 시작했다. 이상한 일이었다. 기타를 계속 치고 있었을 때에는 기타가 중요한 활동이었다는 것 말고도, '어떻게 수험공부에만 전력투구해!'라는 거리감이 있었던 거라고 생각한다.

이처럼 뭔가 하나를 그만둔다는 것은 의욕을 상승시키는 측면이 있다. 가능하면 습관이 되어 있는 일로, 그만둔 것을 생각하는 빈도가 어느 정도 높은 것이 좋다. 해당 기능과 관련이 없어도 된다. 중요한 것은 그 관계를 본인이 인식할 수 있는 것으로, 그만두기가 쉽지 않은 일이면 더욱 좋을 것이다.

도구를 산다

기능에 따라 도구가 기량과 밀접한 관계가 있는 것과 그렇지 않은 것이 있다.

도구가 기량과 밀접한 관계가 있는 것(골프 클럽, 서예의 벼루나 붓)일 경우 도구와 타협하는 것은 기량과의 타협을 심리적으로 인정하는 셈이 되어 의욕을 떨어뜨리는 원인일 가능성이 있다. 재정상태는 각자가 검토해야 되겠지만, 도구를 바꾸는 것은 기량을 향상시키는 데 실질적으로 도움이 되는 외에, 의욕을 높여주는 일이 될 수도 있다.

도구 구입을 늦춘다

반대로 도구의 구입을 늦추는 방법도 의욕을 조정하는 데 활용할 수 있다.

예를 들어 장기의 말을 조각이 잘된 좋은 질의 것으로 바꾸려 한다고 하자. 그러나 열심히 모아온 돈이 그것을 사기에 충분해졌을 때 곧바로 사지 말고 '4단이 되면 바꾸자'는 식으로 늦춤으로써 의욕을 높일 수 있다.

말하자면 도구를 눈에 보이는 리마인더로 삼으로써 의욕을 높이는 방법이다.

도구를 받는다, 물려준다

장기의 나카하라 마코토 10단이 젊은 시절 후원자의 저택에서 멋진 장기판을 구경했던 적이 있다고 한다. 비자나무로 만들어진 최상의 장기판은 수억 원까지 한다고 하는데, 바로 그런 종류의 뛰어난 제품을 보았던 것이다. 그때 그 후원자가 "나카하라 씨가 명인이 되면 이 판을 축하선물로 드리지요"라는 말을 했다는 것이 나카하라의 자서전에 나온다. 훗날 그 후원자는 약속을 지켰다고 한다.

이처럼 다른 사람으로부터 뭔가를 받거나 받을 약속을 하는 것은 의욕을 크게 높여준다.

반대로 자신의 후배에게 뭔가를 주겠다고 약속하는 방법도 있다.

자신이 전국대회나 콩쿠르에서 우승하면 유니폼을 주겠다거나, 악기 연주에 대비해서 손이 곱지 않도록 사용하던 장갑을 준다는 등의 약속을 한다. 그러면 그것이 자신에게 리마인더가 되어 의욕을 상승시켜 주는 경우가 있다.

기능의 역사를 찾아본다

기능의 역사를 찾아보는 것은 기능에 대한 이론서를 읽는 것만큼 직접적인 도움은 되지 않는다. 기타의 역사를 몰라도 기타는 칠 수 있고, 바둑의 역사를 찾아보지 않더라도 바둑은 숙달된다. 하지만 기능의 역사를 앎으로써 그 기능에 대한 애착이 깊어지는 면이 있고, 그것이 의욕을 안정되게 만드는 것은 분명하다.

오오우치 노부유키(大內延介) 9단은 한때 일본 장기가 탄생하기까지의 과정을 조사하는 여행에 나섰던 것으로 알려져 있다.

악기의 구조와 그 악기에 맞는 악곡의 역사를 조사함으로써 주위 사람들로부터 "연주가 한 꺼풀 벗겨졌다"는 말을 듣게 된 연주가도 많이 있다.

역사적인 지식이 직접 도움이 되는 일은 적다고 생각하지만 역사를 쫓음으로써 의욕이 높아지고, 그 높아진 의욕은 세세한 역사적 지식을 읽고 있을 때 맛보는 크고 작은 감동에 의해 유지되는 부분도 있을 거라고 생각한다.

훈련량을 줄인다

슬럼프에 빠져 있을 때 훈련량을 늘림으로써 극복하게 되는 일은 매우 드물다. 오히려 훈련량을 반으로 줄여보는 것이 통찰력을 가져오는 동시에 의욕을 높이는 효과를 낳을 수 있다.

훈련량을 줄이는 것은 여러 가지 위험이 있는 반면 이점도 있다.

우선 신체적 피로나 심리적인 포화가 해소되므로 신선한 기분으로 연습에 몰두할 수 있다. 그 결과 연습으로 쌓인 피로나 심리적 포화의 마이너스 효과를 대강 추정할 수 있고, 아울러 자신의 기량이나 슬럼프의 원인을 통찰할 수도 있다.

다음에 훈련량을 줄이면 훈련 하나하나를 신중히 하게 된다. 그럼으로써 연습 메뉴를 소화할 때 이미지를 떠올리거나 스키머의 움직임이 신중해져 연습의 질이 향상된다.

훈련 단위를 변경한다

훈련 단위를 변경하는 것은 의외로 큰 영향을 준다.

양궁에서는 보통 네 개의 활을 한 단위로 쏘는 훈련을 한다. 이것을 두 개로 바꾸면 매우 큰 효과를 볼 수 있다.

양궁에서 표적까지는 22미터의 거리가 있다. 두 개의 활을 한 단위로 하면 두 발을 쏠 때마다 표적이나 표적 주변으로 날아간 화살을 가지러 가기 위해 22미터를 걸어가야 한다. 네 발의 경우와 비교하면 분명히 비효율적이지만, 그 때문에 한발 한발의 연습이 매우 신중해진다. 게다가 화살을 가지러 오가는 동안 그 직전에 쏜 화살을 떠올리며 반성하게 된다. 네 발을 쏠 때마다 한 번 되돌아보는 것보다 두 발일 경우, 복습이나 반성의 밀도는 커진다. 그것이 자신의 기량에 대한 문제점을 깨닫게 하는 계기가 될 수 있다.

라이벌을 의식한다

특정한 라이벌을 강하게 의식하는 것은 그 라이벌을 리마인더로 삼아 자신의 마음을 조절하는 하나의 방법이다.

보통 자신보다 기량이 다소 높은 사람으로, 어느 정도 연습이나 생활하는 모습을 상상할 수 있는 사람이 좋다. 그리고는 그 사람을 뒤쫓고 추월하려는 목표를 세운다. 지금의 슬럼프에서 탈출하지는 못해도, 적어도 그 사람만큼은 뛰어넘고 싶다고 진심으로 생각한다. 그리고 그것을 항상 마음에 새겨둔다.

특정한 라이벌을 찾을 수 없는 사람은 그 생각을 일부러 떠올려본다. 그와 동시에 '라이벌을 찾을 수 없다'는 것이 자신의 의욕, 나아가서는 슬럼프와 관련은 없는지 한번 생각해볼 필요가 있다.

라이벌의 기량을 분석한다

특정한 라이벌을 의식한다면 그 사람을 뒤쫓고 뛰어넘겠다는 생각을 전제로 그 사람의 기량을 분석해본다. 그리고 상대의 어디가 약점이고 자신의 어디가 장점인지를 생각한다. 상대의 약점을 어떤 형태로 찌르는 것이 자신의 개성에 가장 잘 맞는지 분석하는 것이다.

특정한 타인을 깊이 관찰하고 자신과 비교해보는 경험은 아무런 진전이 없는 인식에서 구원해 주는 수가 있다. 거기서 기량에 관한 새로운 통찰이 생길 때도 많다.

모형훈련을 설정한다

초보자일 때는 누구라도 어느 정도 모형훈련을 한다. 하지만 조금 지나 중급자 정도가 되면 모형훈련을 매일 실행하지 않게 될 때도 많다. 기능에 따라서는 그렇게 매일처럼 모형훈련을 하지 않아도 숙달되는 경우가 있기 때문이다.

그런 기능이라도 의욕이 낮아지고 있다는 자각이 있을 때는 잠시 모형훈련을 실행해보는 것이 하나의 방법이다.

다른 항목에서 설명한 것처럼 모형훈련으로 스키머나 코드 시스템을 재구성하는 기능을 기대할 수 있는 경우도 많다. 하지만 그것과는 별도로 의욕을 높이는 기능도 기대할 수 있다.

기능에 대한 가치관을 재점검한다

의욕에서 가장 기본적인 것은 가치관이다. 일에 도움이 된다거나 수입이 증가하는 직접적인 결과를 넘어, 자신의 근본적인 가치관과 얼마나 밀접히 연관되어 있는지가 중요하다.

기능에 높은 의욕을 지니고 있는 경우, 일이 제대로 풀리지 않을 때는 반대로 위험성이 매우 크다. 바둑에서 간단한 수를 놓쳐 지고 말았을 때, 사람이 없는 기원의 복도 한 구석에서 소리 없이 눈시울을 적실 때는 아직 의욕이 높은 것이다.

의욕이 흔들리고 있을 때는 기능의 상태를 '자신다움'이라고 느끼는 일이 줄어든다. 성공의 기쁨이 약해지거나 실패에 대한 분함이 엷어지는 것이다.

그렇게 의욕이 시들해지는 것을 느낄 때 그 기능이 자신에게 어떤 의미가 있는지 재점검해봐야 한다.

비중을 재점검한다

그러한 경우 자신이 지금 하고 싶은, 충실히 하고 싶은 생각이 드는 활동을 한번 종이에 써보는 것도 도움이 될 수 있다.

해당 기능 외에도 하고 싶은 일이 몇 가지 떠오를 것이다. 특히 슬럼프일 때라면 더욱 그럴 것이다. 리스트가 만들어지면 우선순위를 매겨본다. 해당 기능보다 더 중요하다고 생각되는 것이 몇 가지 있을 것이다. 그 결과 해당 기능의 중요도가 의외로 낮았다는 것을 깨닫는 수가 있다. 그렇다면 왜 거기까지 내려갔는지, 내려간 것은 언제쯤인지 생각해본다. 또는 해당 기능의 상태에 무심해진 것이 언제쯤부터인지 생각해본다.

의욕이 저하되고 있는 배경에 가치관적인 요소가 보일 때에는 이러한 재점검이 필요할 수도 있다.

4. 이론서를 읽는다

이론서는 왜 필요한가

자신이 슬럼프에 빠져 있는지 판단하기란 쉬운 일이 아니다. 슬럼프에 빠져 있을지도 모른다고 생각할 때, 필자가 우선 추천하는 것은 이론서를 읽어보라는 것이다.

"실제적인 경험이 있으면 이론은 필요 없다" "이론으로 완전 무장되어 있으면 숙달하는 데 오히려 방해가 된다"는 의견을 그럴 듯하게 내놓는 사람도 있지만, 그것은 모두 착각이라는 것을 꼭 명심하기 바란다. 만일 그런 일이 정말 있다면 그것은 읽고 있는 이론서가 부적절한 경우이거나, 이론을 대하는 태도가 어딘가 근본적으로 잘못되어 있는 경우이다.

거듭 말하지만 슬럼프는 스키머의 이상, 두 가지 이상의 스키머 간의 엇갈림, 하위기능의 이상, 스키머와 하위기능의 엇갈림 등에 의해 일어난다. 이 중 단순한 하위기능의 부족 외에는 모두 스키머가 관련되어 있다. 스키머에 관한 인지 시스템을 통합하고, 통합의 장애가 되고 있는 스키머를 확인해서 조정하는 기능을 이론서 독해라는 행위가 맡아 준다.

예를 들어 영어로 'tell' 'say' 'suggest' 'order' 와 같은 동사가 목적어로서 to 부정사, 동명사(ing), that 절 중 어느 것을 취하고 어느 것을 취하지 않는지에 대해서는 평소 잘 알고 있고, 사전도 부지런히 찾아가며 지대한 관심을 갖고 있으며, 여러 가지 문체에 대해서도 세부적인 지식은 어느 정도 지니고 있다고 하자. 그래도 문법책에서 'to 부정사를 취하는 동사와 취하지 않는 동사'에 대해 읽다 보면 지식 자체는 알고 있더라도 'to 부정사'를 취하지 않는 동사를 일반화할 수 없을까 하는 마음이 작용한다.

대부분의 경우 자신에게만 의미 있는 것으로 '나만의 이론' 과 같은 것이 있다. 나만의 이론은 이론 자체로서는 도움이 되지 않을 때가 많다. 그래도 나만의 이론이 형성되는 과정에서 다양하게 스키머가 조정되고 있다. 그것이 중요한 것이다.

표준적인 이론서를 읽는다

어떤 기능이나 분야라도 이론으로서 표준이 되는 이론서가 있기 마련이다. 그러한 평판을 얻고 있는 책을 우선 읽어보는 것이 좋다.

지도자의 입장에 있는 사람이라면 표준적인 것이 아니라, 다소 특징이 있는 이론서를 추천받는 경우가 있다. 이미 표준적인 이론서를 읽었다면 그것도 고려할 가치가 있지만, 이론서를 온전히 읽어본 일이 없을 때에는 이른바 평판이 좋은 책을 우선 읽도록 권한다.

비표준적인 이론서의 효용

이른바 표준적인 이론서를 이미 읽은 사람의 경우는 비표준적인 이론서를 읽어보는 것도 하나의 선택이다. 비표준적인 이론서라는 것은 적어도 부분적으로는 깜짝 놀랄 만한 통찰이 있고, 그것이 유익할 때도 많다.

바둑의 세계에서 지금도 큰 영향을 미치고 있는 이론서로 쿠레 세이겐(吳淸源), 키타니 미노루(木谷實), 야스나가 하지메(安永一) 공저의 『신포석법(新布石法)』이라는 책이 있다. 1994년에 복간되었지만 초판은 1955년경 당시 한창 젊은 나이에 고수로 주목받고 있던 저자들이 여관방에 틀어박혀 대논쟁을 벌인 끝에 출판한 책이다. 출판 당시는 혁명적인 제안이라고 하여 엄청난 갑론을박을 불러일으켰다.

바둑은 가로 세로 19줄의 판에서 '집'의 수를 다투는 게임이지만, 그때까지의 '상식'은 '집'을 따기 쉬운 구석을 중시하여, 끝에서 세 번째 줄(3선)에서 두기 시작하는 것이 좋다고 했다. 그러나 『신포석법』은 구석을 다소 가볍게 생각하는 이로움을 설명하며 4선을 중시하고, 상대에게 구석을 양보하더라도 4선의 '세력'을 중시하면 결국은 그 세력이 집으로 전환된다는 사고를 펼쳤던 것이다.

이러한 『신포석법』을 지금 다시 읽어보면 '세력'이라는 개념(개념이지 바둑의 기술은 아니다)을 깊이 이해하는 데 매우 좋은 책이라는 것을 알 수 있다. 그 이전의 이론서에서도 '세력'이라는 개념이 쓰이고는 있었지만 기껏해야 '집'의 대립개념으로, 그 정의가 충분히 적극적으로 제시되었다고 할 수 없다. 『신포석법』에 이르러서야 비로소 적극적이고도 명료하게 이 개념이 규정되었던 것이다.

단, 그것은 어디까지나 표준적인 이론을 어느 정도 잘 알고 있는 것이 전제가 된다. 표준적인 이론을 보지 않고 비표준적인 이론을 읽으면 크게 균형을 잃을 위험이 있고, 그것이 다음 슬럼프의 밑바탕이 될 가능성도 있다.

다양한 이론을 읽는 이점

여러 가지 이론을 읽어보는 것은 매우 도움이 된다.

처음에 대표적인 이론서를 읽을 때는 그것을 규범으로 인식하는 일이 많다. 하지만 실제로 이론은 다양한 현상을 설명하기 위한 모델에 지나지 않는다. 하나의 모델이 모든 현상에 적합한 것도 아니고, 모든 시비의 판단을 제공하는 것도 아니다. 여러 가지 이론을 대해봐야 비로소 그것을 실감할 수 있다.

다양한 이론을 읽으면 그들 이론의 장단점을 수없이 생각하게 된다. 그것은 기능을 훈련할 때 거의 필요로 하지 않는 깊은 판단을 반복하는 것이다. 그럼으로써 평소 연마되지 않는 한층 더 추상적인 사고와 스키머가 강화된다. 그것은 곧장 단기적으로 도움이 되는 일은 적어도, 결국은 기능이나 스키머가 고도로 발전하는 데 나타나기 마련이다.

이론서를 읽는 법

이론서를 읽는 방법은 대충 다음과 같이 하는 것이 좋다.

우선 전체를 죽 훑어본다. 그런 후에 시간이 있으면 전체를 차분히 읽는다. 시간적인 여유가 없다면 대충 훑어볼 때 신경 쓰였던 곳을 중심으로 해서, 일부분만 정성을 기울여 읽는다.

부분적으로 읽다보면 갑자기 다른 장이 궁금해서, 이를테면 2장에서 6장으로 건너뛰고 싶거나 6장의 어느 부분을 2장과 비교하고 싶어진다. 골라 읽기의 일종이지만 정확하게는 '검색읽기'나 '비교읽기'라고 해야 할 방법이다. 이런 식으로 한 권을 다 읽어 나가는 방법이 좋다.

이론서의 목차에 주목한다

대표적인 이론서의 목차를 차분히 읽어보는 것은 매우 유익하다.

기능의 지식이나 항목에는 계층구조가 있다.

이론서 속에는 이른바 원리 또는 공통 부분에 관한 해설과 다양한 변화에 대한 해설이 두 부분으로 나뉘어 기술되어 있다. 이 두 부분에 '원론'과 '각론'이라는 용어를 적용해보기로 하자. 원론이란 중심적인 원리원칙이고, 각론이란 원리원칙의 적용이라고 할 수 있다. 자신이 원론적이라고 느끼는 사항이 이론서에는 각론으로 설명되어 있거나 그 반대의 사항이 있는 경우 자신 속에서 왜 그런 인식이 일어났는지 거슬러 올라가며 생각해보는 데서 의외로 슬럼프의 힌트를 얻을 수 있을 때가 많다.

이론서를 읽고 싶은 기력이 솟지 않을 때

슬럼프에 빠져 있을 때, 전에 생각했던 것과는 달리 이론서가 재미있게 느껴지는 일이 많다. 의외일 정도로 여러 가지를 발견하게 된다. 그것은 슬럼프일 경우 문제의식이 강해, 그것이 이론적인 문제의식을 환기시키기 때문이다. 이론서를 읽는 동안 자신이 직접 이론적인 문제를 찾아내고 자문하게 되는 것이 보통이다.

이론서가 재미있게 느껴지지 않고 읽고 싶은 기력이 솟지 않을 때는 그 현상이 바로 슬럼프에 대한 정보를 제공해준다. 맨 먼저 생각할 수 있는 것은 심리적 포화이다. 슬럼프 초기에 이론서를 읽고 재미를 느낄 수 없을 때는 심리적 포화가 주요 구성요소가 된 슬럼프이거나, 그렇지 않으면 하위기능과 스키머 형성 수준이 낮은 초보 단계에서의 '싫증'이라고 생각할 수 있다.

이론서를 봤을 때 '앗' 하고 질식할 것 같은 느낌을 받았는지, 그때 그 질식감이나 포화감에서 무엇을 읽어낼 수 있는지가 중요하다.

의욕을 높일 수 있다

이론서를 읽으려고 결심함으로써 사실은 그 주변의 심리적인 자세가 한층 변할 수가 있다. 극단적으로 말하자면 이론서를 가까이 한 시점에서 아직 읽고 있지는 않더라도 의욕이 변하고, 심리적인 자세가 변할 수 있다는 것이다.

이론서를 구입한 것만으로도 의욕이 어느 정도 변한다는 것을 극단적인 비유라고 생각하는 사람이 많을지도 모른다. 그러나 오랫동안 목적

한 바를 이루거나 이루고자 하는 사람들을 보고 있노라면 분명히 그런 측면을 느낄 수 있다. 그럴 때 또 달성이라는 인간행위의 신비함도 살짝 들여다본 듯한 생각이 든다.

생각하는 자세가 길러진다

이론서를 보기 시작하면 처음 읽는 경우라도 이미 알고 있는 것만 씌어져 있는 것처럼 느끼는 일이 있다. 그런 경우라도 일단은 읽으려고 노력해야 한다.

읽는다는 행위에 의해, 즉 시간을 들여 이론서를 읽고 있다는 행위에 의해 기능이라는 것을 생각하는 힘과 자세가 길러지기 때문이다.

생각하는 힘은 여기서 항목마다 설명하고 있는 지식의 구조나 스키머에 의해 유지되고 있다. 이론서를 읽음으로써 그것들도 향상되지만, 그 밖에 생각하는 자세 자체가 향상되는 이점이 있다.

기능은 단순히 연습의 양이나 '의욕'에 의해서만 향상되는 것은 아니다. 연습에 충분한 사고(思考)를 동반하지 않음으로써 슬럼프의 원인이 될 때도 많다. 그러한 경우 사고하는 자세를 강화하는 것만으로도 슬럼프에서 회복되기 시작하는 수가 있다. 사고 자체의 은혜라기보다는 자세의 변화가 신중한 연습태도나 자신과 타인의 기량을 세심히 관찰하는 태도를 낳았기 때문일 경우가 많다.

지식을 정리한다

이론서의 가장 확실한 이점은 지식을 정리하는 것이다. 확실치 않은 지식은 엄밀히 말해서 지식이라고 부를 수 없다. 불확실한 지식은 내용에 착오가 없더라도 떠올리는 데 시간이 걸린다. 그 시간은 그대로 워킹 메모리의 부담이 된다. 그러면 지식을 상기하는 것 자체에는 지장이 없더라도, 병행해서 행해지는 사고나 동작에 지장을 초래하게 된다.

하나하나의 지식이 어느 정도 확실히 형성되어 있더라도 상대적인 구조를 가지고 있지 않은 지식은 안정적이지 못하다. 안정성이 약한 지식은 그 항목을 사용하는 빈도가 떨어지면 단기간에 불확실한 지식이 된다. 이론서를 읽음으로써 지식의 구조를 이해하게 되면 지식을 떠올리는 부담이 줄어든다. 그만큼 워킹 메모리에 여유가 생겨 병행하는 사고나 동작을 하기 쉬워지는 것이다.

이론서에 의해 지식이 체계화됨으로써 이러한 개선이 이뤄지고, 그것이 슬럼프에서 벗어나는 길로 이어질 수가 있다. 이론서의 가장 단순한 효력이다.

지식의 네트워크가 형성된다

지식에는 상호관계가 있고 그 관계 속에서 의미가 있다. 이론이 없는 지식은 각각의 지식이 고립된 상태로 되어 있다. 이론이 있으면 지식과 지식 사이에 관계가 생기고 고립된 상태가 해소된다. 이것을 네트워크의 형성이라고 한다.

이러한 네트워크가 형성되면 지식이 네트워크에 의해 구조화되고 안정되는 동시에, 어떤 통찰을 기대할 수 있는 상태가 된다. 그것이 슬럼프를 극복하는 중요한 조건이 되는 것은 말할 것도 없다.

이론에 의해 정확한 구별을 할 수 있다

예를 들어 "Seeing me, Tom waved to me very happily."의 전반은 분사구문이고, "Upon seeing me, Tom waved to me very happily."라는 문장의 ~ing는 동명사라는 것을 알 수 있다. 동명사는 명사형 어구이므로 전치사 'upon'을 앞에 취해, 전체로서 부사구를 구성할 수 있는 구조로 되어 있다. 이 두 가지 문장에서 나를 본 것이 Mary가 된다면,

"Mary seeing me, Tom waved to me very happily."
"Upon Mary's seeing me, Tom waved to me very happily."
와 같은 식으로 Mary의 형태가 다르다.

이것은 그저 한 가지 예에 지나지 않지만, 이론을 앎으로써 정확한 구별을 할 수 있고, 그 구별에 의해 개별적인 세부의 기억이 되살아나는 일도 매우 많다.

이론적 구별에 의해 기억검색이 되살아나면 작업 중에 워킹 메모리의 부담이 그만큼 줄어드는 것이다.

스키머가 안정된다

기능이나 개별적인 지식과 마찬가지로, 스키머도 반복해서 쓰임으로써 안정된다.

별도로 설명하겠지만 기초적인 하위기능의 반복 습득도 기계적으로 하는 것이 아니라 자신의 뇌리로 일일이 스키머를 떠올려 반복하는 것이 바람직한 훈련방법이다. 기초적인 단련이 단순한 잔재주의 반복으

로만 되고 있는 것이 슬럼프의 본질일 가능성도 있다.

따라서 스키머의 안정은 이론서에 의한 지식과 스키머를 떠올리게 하는 기초적 훈련이 함께 해야 비로소 가능하다.

이론서에 의해 메타 이론이 생긴다

단 하나의 올바른 이론이란 없다.

이론은 하나하나가 자기 완결적인 논리를 가지고 있다. 하나의 이론만 읽고 있을 때는 그 이론의 논리 속에서 생각하고, 그 이론이 가지고 있는 논리를 받아들이는 것이다. 이론을 평가하기 위한 이론을 메타 이론이라고 부를 수 있다. 메타 이론은 어딘가에 주어진 형태로 씌어져 있는 이론이 아니라, 복수의 이론에 대해 서로 생각하는 동안 자연스럽게 자신 속에 형성되어 가는 이론적 관점이다.

그것이 넓은 관점에서 슬럼프를 극복하기 위한 조건을 정돈하게 된다. 또, 그것이 곧바로 슬럼프의 극복이나 어떤 숙달로 이어지지 않고, 오히려 현재의 슬럼프를 자신의 기량의 도달점, 최종 정체기로서 받아들여야 할 때 그러한 자기 수용의 바탕은 이처럼 한층 더 추상적인 개념을 운용함으로써 제공되는 것이다.

사고능력이 길러진다

기능과 관련된 사고의 끈기가 사라지는 것이 슬럼프의 원인이 되고 있을 때가 많다. 달리기나 수영과 같이 언뜻 보기에 그다지 사고가 필요하지 않을 듯한 기능에서도 상급자의 일거수일투족은 사고에 의해 정확히 뒷받침되고 있는 것이 사실이다. 이러한 기능이라도 사고에 공을 들이고 내용을 갖춰야 한다.

워킹 메모리가 커진다

기능을 발휘한다는 것을 워킹 메모리에 의해 현상을 파악하고 현상에 적응해 가는 것이다. 워킹 메모리의 전체 용량은 일정하다. 일정한 워킹 메모리 속에서 상황을 깨닫고 해석하고 대응방침을 끌어내고 그에 따른 반응과 적절함을 판단하는 일에 각각 필요한 용량을 분담하는 것이다.

따라서 이론을 배우는 것이 전혀 새로운 기능의 레퍼토리를 낳는 경우가 아니더라도 이론학습에 의해 생기는 여유가 도움이 된다.

이론적 용어가 코드가 된다

이론을 배우는 것은 이론적 용어를 배우는 것이다. 지금까지 비언어 코드로 처리하고 있던 것에 언어적인 용어가 주어지면, 그것만으로 사고의 운용은 빠르면서도 정확해진다. 이론서를 읽다가 '이건 내가 알고 있는 것인데 그것이 이토록 멋지게 표현되고 있다니!'라고 무릎을 치는 일이 있는데, 그것은 이와 같을 때이다.

이론을 배우고 있는 동안 자신의 사고 속에서 형성되어 있기는 했어도 아직 확실치 않았던 개념에서 용어가 발견되거나, 또는 용어를 습득함으로써 자신의 사고가 좀더 깊어질 수 있다.

코드가 구조화 된다

지식이나 기능은 장기기억에 축적되어 있다. 따라서 언어의 체계를 갖추고 있지 않더라도, 그 사람의 그 기능 한계의 코드(비언어 코드)에 의해 기호화 되어 있다. 단지 그들 코드가 서로 어떤 구조를 가지고 있는지, 또 어느 정도로 구조화 되어 있는지는 사람마다 다르다. 일반적으로 비언어 코드의 존재는 곧 지식 구조의 존재를 의미하지 않는다.

게다가 다양한 이론을 배우고, 같은 사항에 대해 미묘하게 다른 여러 가지 구조를 배우는 것은 구조화 능력을 유연하게 만들어 준다.

기억검색이 안정된다

이론을 읽으면 기록의 효과가 확대된 형태로 기억검색이 안정된다.

이론을 읽는 것은 자신의 기능의 한계를 넘어 광범위한 표상(表象) 능력을 몸에 익히는 것이다. 또, 각각의 비언어적인 기억사상에 구조를 부여하는 것도 이론적 언어를 사용함으로써 촉진된다. 그럼으로써 기억검색의 속도와 정확성이 현저히 증가한다.

좋고 싫음을 판단할 수 있다

기능에는 다양한 판단 요소가 있다. 현재의 상태를 정확히 판단하는 것은 매우 중요하다.

다른 사람에게 설명할 필요가 있을 경우에나 자기 스스로 안정된 판단을 내리기 위해서도 이론은 필요하다.

두 사람의 타자를 보고 어느 쪽이 야구선수로서 유망한지 생각할 때에도, 배팅에 대한 이론을 알아야 비로소 확실한 판단을 내릴 수 있다.

바둑이나 장기에서는 대국 중 임의의 국면에서 형세를 판단하는 것이 매우 중요하다. 바둑에서 수를 셀 수 있다거나, 장기에서 큰 말을 잡을 기회가 발생하는 등 형세가 분명할 때의 이야기가 아니다. 아주 미세한 차이가 있거나 갈등요소가 있어 형세를 판단하기 어려울 때, 정확한 근거를 가지고 어떻게 판단하는가는 바둑이나 장기의 수준을 재는 본질적인 요소이다.

해석을 배운다

이론에 의해 이미 직관적으로 알고 있는 것에 대한 해석능력이 연마되는 면이 있다.

직관이 이론에 의해 분석적인 근거를 얻는 것은 그 직관에 대한 신뢰감이 커진다는 의미도 된다. 직관에 대한 신뢰감이 커지면서도 안정성이 증가하는 것은 직관 자체의 유효성도 커지는 것을 의미한다. "나는 직관에 의지하고 있으니 이론은 필요 없다"고 하기보다는 오히려 "직관이 이론화 되어 있으니 안심하고 직관에 의지할 수 있다"고 하는 상태가 되어야 이점도 크다고 할 수 있다.

변환을 배운다

언뜻 보기에 동일하지 않은 것이 같은 가치를 지녔다는 것을 이해하기 위해서는 사고 속에서 다른 차원 간의 변환이 필요하다. 그리고 그 변환에는 이론이 필요하다.

다른 기술에서도 마찬가지다. 이론을 번거롭게 느끼는 사람도 있을지 모르지만, 이론으로 판단하는 과정이 더 편할 경우도 많다.

이론이 갖춰지지 않음으로써 하나하나를 판단하는 데 부담이 더해지고 있는 것이 슬럼프의 원인이 되고 있을 때도 많다. 이론 학습에 의해 시간과 노력을 더는 것으로 슬럼프는 해결될 것이다.

이론에 대한 이해가 깊어야 안도감이 생긴다

내용에 대한 판단은 일반적으로 개별적이다. 또, 하나하나의 시합을 전개하는 것도 개별적이다. 개별적인 판단을 개별적으로 하고 있는 상태에서는 자신의 판단력이나 기능에 대해 자신감과 안도감을 얻을 수 없다. 상황의 개별성이 재현된다고 단정할 수 없기 때문이다. 이러한 자신감, 안도감의 부족이 의외로 슬럼프의 원인이 될 때가 많다.

판단력이나 기량에 대한 안도감은 그 상황을 이론적인 용어로서 개념화하고, 자기 자신의 판단이나 반응 또한 이론적인 용어로서 개념화해야 비로소 나오는 것이다.

자신의 기량을 파악할 수 있다

슬럼프에 빠져 있을 때는 자신의 기량에 대한 개성이나, 그 기량이 자신할 만한 것인지를 파악하기 힘들 때가 많다. 슬럼프를 극복하는 데나 기능을 숙달하는 데도 정확한 자기인지는 꼭 필요하다.

이론적 관점이 아니면 자신의 기량을 정확히 파악할 수 없다.

슬럼프와 마주하고 자신의 문제를 정확히 파악하려는 의식이 진지하면 이론학습이 무미건조할 일은 없을 것이다.

지속력이 길러진다

슬럼프일 때 지속력이 떨어지는 것은 이른바 '근면성 부족' 때문이 아니다. 자신의 현 상태를 파악하지 못해 어디를 어떻게 보충하고 어디를 어떻게 향상시켜야 할지 목표가 서지 않음으로써 희망을 잃기 때문이다. 하면 된다는 믿음이 흔들릴 때 지속해나갈 힘을 잃는 것이다.

이론으로 무장하면 자기인식을 정확히 할 수 있다. 더구나 이론에 바탕을 둔 자기인식에는 다른 사람과의 비교나 먼 목표와 가까운 목표의 관계 파악이 자연스럽게 포함된다. 그 때문에 심리적으로 낙관할 수 있고, 지속력도 유지되는 것이다.

복원 가정작업이 쉬워진다

많은 기능에서 상급자의 능력의 특징은 복원 가정작업이 가능하다는 것이다. 그러기 위해서는 단련에 의해 워킹 메모리가 커야 하고, 코드화의 능력이나 스키머가 안정되어 있어야 한다. 이들이 각기 어떤 방법으로 단련되는가에 대해서는 이미 설명한 바와 같지만, 그 종합적인 힘이라고도 해야 할 능력이나 기량은 이론서를 정성껏 읽음으로써 단련된다.

이미지 환기력이 높아진다

때때로 이론서는 무미건조하게 생각된다. 이론서를 읽지 않고 중급이나 상급 정도까지 올라가는 사람이 있는 것은 그 때문이기도 하다. 이론에 대한 기술은 보통 매우 추상적이고, 그렇게 추상적인 기술은 지금 눈앞에 있는 구체적인 문제를 해결해 주지 않는 경우도 많다. 이론적인 기술이 이해하기 힘들고, 이론을 읽는 데 대한 이점을 실감하기 어려운 것도 그 때문이다.

하지만 이론서를 읽으면 이론적인 기술이 추상적이라서 오히려 플러스로 작용하는 면이 있다. 이론서를 읽어나가기 위해서는 그 추상적인 기술에 대해 구체적인 사례를 기억에서 불러내야만 한다.

일반적으로 이론서를 읽을 때는 이론적인 기술에 적합한 예나 그 기술을 반증할 수 있는 예를 떠올리는 작업을 반복한다. 이론서를 읽는 데 익숙해지면 이 작업이 점차 쉽고도 적확해지고, 경우에 따라서는 너무 의도적인 사고를 하지 않고도 좋은 예를 떠올리면서 자연스럽게 읽는 상태까지 될 수 있다. 추상적인 기술을 보고 그에 맞는 구체적인 생각을 하는 훈련에는 많은 이점이 있다.

타인의 인지 모델을 이해할 수 있게 된다

어느 정도 야구를 아는 사람은 텔레비전에서 프로야구 중계를 볼 때 감독이 투수에게 보내는 세심하고도 대담한 지시에 놀라는 수가 있다. 그리고 바둑에 약한 사람은 종종 프로기사에게는 당연하고도 자연스런 착수(着手)가 신기하게만 여겨질 때가 있다.

기량이 모자라고 이론적인 지식이 너무 부족할 때는 감탄하는 포인트조차 이해하지 못하지만, 점차 실력이 늘면서 자연히 그 포인트가 눈에 들어오게 된다. 이론적인 지식이 어느 정도 갖춰지면 다른 사람의 비범한 착상에 접했을 때 똑같은 생각을 떠올리진 못할지언정, 그 착상에 대해 적어도 자취를 더듬어 이해는 할 수 있게 된다. 그리고 그 착상에 감정이입을 할 수 있게 된다.

좀더 나아가면 타인이 가지고 있는 이론적 이해의 양식이 자신의 그것과 어디가 다르고 어디가 비슷한지 알 수 있게 된다. 그러면 타인의 이론적 사고의 절차를 추론할 수 있게 된다. 거기까지 오면 타인의 인지 모델로부터 많은 것을 배울 수 있게 된다. 타인의 인지 모델이 곧바로 자신에게 도움이 되는 일은 적을지 몰라도, 자신의 개성을 파악하거나 자기인지를 상대화하는 데에는 도움이 된다. 또, 타인의 인지 모델을 관찰함으로써 자기 자신의 이론적 어휘가 풍부해진다.

개성을 파악할 수 있게 된다

슬럼프에 빠져 괴로워하고 있을 때는 그 기능의 개인차로 고민하고 있을 때이다. 개인차가 긍정적으로 작용하면 '개성'이 되지만, 부정적으로 작용하면 '버릇'이 된다. 슬럼프에서 탈출하려면 자신의 개성이나 버릇을 명확하게 파악하는 것이 도움이 된다.

이론서를 읽으면 키워나가야 할 개성이나 수정해야 할 버릇의 내용을 좀더 언어적으로 파악할 수 있으므로, 그 양쪽을 모두 해결하기 쉬워진다. 이론적 사고를 단련하면 개성을 표현하는 도구가 더욱 풍부해지는 것이다.

예측능력이 갖춰진다

인간은 예측을 하는 동물이다. 엄밀히 말한다면 예측을 하고, 그 예측이 적중하는지 확인하는 동물이다.

예측을 하면 그것이 맞으면 맞는 대로, 어긋나면 어긋나는 대로 그 사상(事象)은 인상에 강하게 남는다. 그리고 하나하나의 사상을 강하게 각인시켜 가는 것이 슬럼프를 극복하는 바탕을 만들어 줄 것이다.

이론서의 저자에게 감정이입을 한다

어느 정도 이론서를 읽고 자신이 좋아하는 이론서가 정해져도, 다시 읽기에 다소 질린 느낌이 들어 신선한 기분으로 몰두하기 힘들 때가 있다. 그런 상태에서 슬럼프에 빠져 이론서를 읽는 경우에는 그 이론서를 쓴 사람의 마음을 추측해보는 것이 좋다. 의외로 신선한 발견을 하게 되는 수가 있다. 이론서를 읽으면서 그 글을 쓰고 있을 때의 저자의 감정의 움직임에 자신의 상상이나 정신을 투사해보면, 하나의 기술(記述)에도 서로 다른 이론적 입장을 미묘하게 고려하며 말을 고른 부분이나, 반대로 이론(異論)에 대해 자신의 생각을 강하게 제시하려고 말을 고른 부분을 깨닫게 된다.

그렇게 읽음으로써 느껴지는 이론가의 의욕의 깊이는 "나는 이렇게 기능에 평생을 바쳤다"는 직접적인 술회보다 훨씬 더 깊고 조용한 설득력이 있다. 자기 자신의 의욕과 비교해보면 참고될 때도 많다. 그리고 그러한 저자의 의욕이 어떤 심리적 구조에서 일어났는지를 생각하다 보면 여러 가지를 발견하게 된다.

저자 후기

이 글을 마무리하면서 본서를 집필하게 된 동기의 하나가 현재의 학교교육에 대한 우려였음을 밝혀두고자 한다.

학교교육의 기능은 크게 두 가지를 들 수 있다. 하나는 배워야 할 것을 익히는 기능으로 '지식 습득 기능'이고, 다른 하나는 배우는 경험을 통해 자신의 능력에 대한 신뢰감이나 장래 필요한 것을 익히려는 의욕, 자기 자신의 지적 성장과 인격적 성장에 대한 내면적 동기를 갖게 하는 기능이다. 이것이 '학습성 획득 기능'이다.

그 속에 고수가 되는 법칙을 몸으로 터득하는 것도 포함된다. 이 두 가지의 기능 중 '지식 습득 기능'은 학교교육에서 얻을 수 있지만, 불행히도 '학습성 획득 기능'을 충분히 담아내고 있는 것 같지는 않다.

학습의 장은 지식 습득의 장이며 동시에 자기 자신의 학습능력을 발견하고 그것을 통해 작으나마 자존심과 인생에 대한 긍정적인 자세를 얻는 장이어야 할 것이다. 초등학생에게 철봉 거꾸로 오르기나 뜀틀을 가르치는 것은 그것들이 실생활에 도움이 되기 때문은 아니다. 학생들이 나름대로 노력 연구하고 친구의 응원을 받으며 비로소 해냈다는 기쁨을 경험하게 하기 위해서이다. 그 기쁨을 경험했을 때 아이들은 뭔가를 얻게 된다. 고수가 되는 법칙은 그 연장선상에 있다.

필자 자신의 본격적인 숙달에 대한 경험은 학교교육의 하나인 영어에서 시작되었다.

보통 그렇듯이 영어 학습을 시작한 것은 중학교 1학년이 되었을 때이다. 어쩐 일인지 '18세 때 18세 된 미국인과 동등하게 얘기할 수 있었으면 좋겠다'는 생각이 들었고, 그것은 곧 나의 절실한 욕구가 되었다. 그 목표를 달성한 것은 1년 늦은 19세 때이다. 미션스쿨이라는 혜택 받은 환경에 있기는 했지만, 기본적으로는 독학이었다. 굳이 말하자면 "일반적인 순서로 영어를 공부한다면, 18세의 영어실력을 익히는 데에는 18년이 걸릴 것이다. 어쨌든 무리를 해서라도 뭔가 연구하지 않으면 그런 목표는 달성할 수 없다"고 하는 아버지의 말을 스승 대신으로 생각했다.

이렇게 그야말로 무리한 과제를 소화하기 위해, 혼자서 여러 가지로 기묘한 연습방법을 고안해냈다. 이제 와서 돌이켜보면 기묘하기는 해도 고수가 되는 법칙에 들어맞는 방법이 제법 있었던 것 같다. 이때의 영어 훈련법이 훗날 다른 것을 배울 때의 사고의 원점이 되어 주었다.

영어 외에도 손을 댔던 분야는 많다. 물론 모두 숙달된 것은 아니었다. 그것은 그것대로 좋다고 생각한다. 숙달한 것과 못했던 것이 있었으므로, 고수가 되는 요령을 알 수 있었다고 생각한다.

필자가 숙달한 사례에는 어떤 공통점이 있다. 그것은 모두 처음에는 진행이 더뎠다는 것이다. 예를 들어 다도에서는 처음 2년간, 같이 시작한 사람들 중에서 제일 늦게 법도를 익혔고, 그것은 지금도 스승의 이야깃거리가 되고 있을 정도이다. 필자 경우에는 스키머를 만들기 시작하는 데 많은 시간이 걸리는 듯하다. 그리고 스키머가 제대로 형성된 시점에서 비로소 숙달에 대한 효율이 오르는 것 같다.

기능에 대한 나름대로의 통찰력을 가지고 그것을 바탕으로 자기만의 독창적인 훈련법을 멋지게 엮어내는 경험을 많은 분들이 해봤으면 한다.

숙달의 결과 '관점'이 변하는 순간이 있다. 그것을 많은 분들이 경험해보기 바란다. 관점이 바뀔 때 우연히 접한 풍경이나 우연히 얻어들은 말이 인연의 계기가 될 수 있다. 그러한 시기는 내적인 긴장이 고조되어, 스키머가 약간의 자극만 받아도 대전환하는 데까지 이른다. 무엇을 봐도 대전환의 계기가 될 수 있는 곳까지 문제의식이 성숙해 있는 것이다.

따라서 냉정히 따져보면, 그런 순간에 어떤 자극을 받고 단번에 '관점'이 변하는 데에는 필연성이 있다. 우연이 아니다. 하지만 그것이 본인에게는 어디까지나 기연(奇緣)이며 기적이다. 그때 그 풍경, 그 사람, 그 말에 접했기에 그야말로 '관점'이 대전환했다는 기억은 자신의 생애에 자그마한 하나의 기적으로서 남게 된다. 그러한 기적의 방문은 삶의 최고의 선물이다.

제2부 슬럼프를 극복하는 법칙을 집필하는 데는 예상 외로 긴 시간이

걸렸다. 과학적으로 타당하면서도 너무 상세하지 않은, 슬럼프라는 현상을 이해하고 적당한 '기능의 심리학적 모델'을 제시하기가 쉽지 않았기 때문이다.

모델이 정해진 뒤에는 슬럼프를 극복한 사람들의 일화를 많이 모아, 그것들이 본서의 모델에 의해 어떻게 설명되는지 검토하는 작업을 했다. 그 과정에서 고전 무술에서 힌트를 얻은 사람이 어떤 기능에서나 비교적 많은 것을 알고 있어, 우여곡절 끝에 결국 필자도 배우게 되었다.

지금 돌아보면 처음 글을 쓰기 시작하던 때여서 저자로서는 다소 힘에 부치던 문제들이 거의 무의식적으로 자각되면서 본서의 집필에 더욱 박차를 가하게 된 것일지도 모른다. 책은 독자와 저자의 만남의 장이지만, 저자가 새로운 자기 자신과 만나는 장소이기도 한 것 같다.

그동안 참을성 있게 탈고하기를 기다려준 편집자에게 깊이 감사드린다. 벗도 되어 주면서 필자의 고민과 번뇌를 살펴주고 탈고를 기다려 주었다. 도중에 포기하지 않고 마칠 수 있었던 것은 그가 단념하지 않았기 때문이다. 속내를 아는 편집자란 고마운 존재다. 같은 이유에서 무서운 존재이기도 하지만.

오카모토 코우이치

슬럼프 극복하여 고수되는 법칙

초판1쇄 : 2004년 12월 10일
지은이 : 오카모토 코우이치
옮긴이 : 유인경

펴낸이 : 박경애
펴낸곳 : 모멘토
등록일자 : 2002년 5월 23일
등록번호 : 제1-3053호
주 소 : 서울시 마포구 공덕동 242-85　2층
전 화 : 711-7024, 711-7043
팩 스 : 711-7036
ISBN 89-91136-04-4　13190

잘못된 책은 구입하신 곳에서 바꿔드립니다.

『JOTATSU NO HOSOKU』
『SURANPU KOKUFUKU NO HOSOKU』
by Koichi Okamoto
Copyright ⓒ 2004 by Koichi Okamoto
All right reserved
Original Japanese edition published by PHP Institute, Inc.
Korean translation rights arranged with Koichi Okamoto
through Japan Foreign-Rights Centre/Bookpost Agency
이 책의 한국어판 저작권은 북포스트 에이전시를 통한
일본의 PHP Institute, Inc.과의 독점 계약으로
도서출판 모멘토가 소유합니다.
신저작권법에 의하여 한국 내에서 보호를 받는 저작물이므로
무단전재와 무단복제를 금합니다.